간단한 베트남어 발음법!

The Alphabet 09

초간편 기본회화!

Best Basic Conversation!

잠깐!! 베트남 여행정보!
베트남에 대한 일반적인 상식!

1. 출발전 준비!

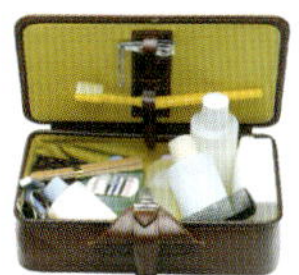

2. 출국수속! 35

3. 출발! 기내에서 43

4. 목적지 도착! 61

5

C.I.Q!
출국장으로 들어가면 ❶ 세관검사, ❷ 보안검색, ❸ 출국심사가 차례로 이어집니다! 계속 앞으로 앞으로!

6

탑승게이트로 이동!
탑승권에 표시된 탑승구로 이동합니다. '탑승시간'을 반드시 엄수하여야 합니다!!!

출국수속 따라잡기!

공항에서의 출국수속은 다음과 같이 진행됩니다.

❶ 공항도착!

❷ 항공사데스크 체크인!

❸ 관광진흥기금권 구입!

❹ 환전!

❺ 비행기 탑승수속!
|세관신고|, |보안검색|,
|출국심사|

❻ 탑승 게이트로 이동!

❼ 탑승!

✚ **잠깐만요!**
시간적 여유가 있다면 면세점에서 쇼핑을 하셔도 좋겠습니다.

✚ 비행기 출발 30분 전에는 탑승게이트 대기실에 도착해 있어야 합니다!

주머니속의 여행 베트남어
지은이 * 박우순 Huynh Sang
펴낸이 * 남병덕
펴낸곳 * 신나라
편집연구 * 이선우 임현직 윤영아
          김지민 채지윤 서재양
2018년 12월 20일 개정6쇄 발행

등록 * 1991년 10월 14일
등록번호 * 제 2016-344호
주소 * 서울 마포구 독막로28길
        63-4 . 304호
T.02) 6735-2100   F.6735-2103

Books
신나라

* 정가는 표지에 표시!

5. 호텔의 이용! 75

6. 식당과 요리! 97

7. 쇼핑용 회화! 119

8. 우편, 전화, 은행!　135

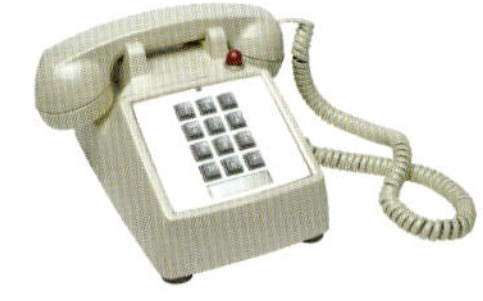

9. 교통수단! 157

10. 관광하기! 181

간단한
베트남어 발음법!
The Alphabet

베트남어를 처음 접하시는 독자 여러분을 위해
'세상에서 가장 간단한 베트남어 발음법'을
소개해 드리겠습니다.

쉽게, 편하게, 그리고 간단하게 익혀서 바로 쓰실 수
있습니다! (한국어 발음표기는 편의상 가장 가까운
음으로 표시하겠습니다.)

간단한 베트남어 발음법!

베트남어의 특징!

베트남어의 알파벳은 '쯔으 까이 꿕 응으'라고 불리우며 29자의 단자모로 이루어져 있습니다. 또한 각각의 단자음과 단모음이 모여 이중삼중자음과 모음을 이룹니다. 한국인에게 들리는 발음대로 자모를 한글로 표기합니다. 그러나 100% 똑같은 것은 아니라는 점을 유의해 주십시오.

베트남어 발음의 기본적인 특징은 다음과 같습니다.

자음	발음	이삼중자음	발음
B/b	ㅂ	Ch	쯔
C/c	ㄲ	Gh	ㄱ
D/d	ㅈ/반모음y	Kh	ㅋ
Đ/đ	ㄷ	Ng/Ngh	ㅇ
G/g	ㄱ	Nh	냐/ㅇ
H/h	ㅎ	Ph	ㅍ[f]
K/k	ㄲ	Th	ㅌ
L/l	(을)ㄹ[l]	Tr	쯔
M/m	ㅁ	Gi	ㅈ/반모음y
N/n	ㄴ	Qu	ㄲ
P/p	ㅃ		

괄호 안처럼 발음됩니다! OK!

Q/q	ㄲ
R/r	ㄹ[**r**] / ㅈ
S/s	ㅆ
T/t	ㄸ
V/v	ㅂ[**v**]
X/x	ㅆ

모음	발음
a	아아
ă	아(짧게)
â	어(짧게)
e	애
ê	에
i	이 / 이ˆ으
o	어ˆ오 [ㄱ]
ô	오
ơ	어어
u	우
ư	으
y	이

1) 초록색 글씨는 남부방언 발음
2) 파란색 글씨는 북부방언 발음

[베트남어의 성조]

성조이름	성조표기	발음법
콤져우 (**Không Dấu**)	하지않음	처음시작한 음계높이를 끝까지 유지
져우후엔 (**Dấu Huyền**)	`	끝을내림
져우호어이 (**Dấu Hỏi**)	?	음을 올리다가 내림
져우응아 (**Dấu Ngã**)	~	음을 내리다가 올림
져우싹 (**Dấu Sắc**)	´	끝음을 올린다
져우낭 (**Dấu Nặng**)	.	목에서 짧게 끊음

* 베트남어는 성조어로 똑같은 스펠링이라 해도 성조에 따라서 전혀 다른 단어가 됩니다. (예를 들어 **ca**는 노래 라는 뜻이지만 **cá**는 생선, 물고기라는 뜻) 베트남어는 이 론적으로 한 단어에 6성조가 있으므로 똑같은 스펠링에 성조에 따라서 6가지의 서로 다른 단어가 될 수 있다는 말입니다.

초간편 기본회화!

Best Basic Conversation!

여행 베트남어 회화!
기본의 기본을 소개합니다.
6가지 기본 상황별로 정리했습니다!

❶ 대답하는 법!　　❷ 인사할 때!

❸ 자기소개!　　　❹ 부탁할 때!

❺ 감사의 인사!　　❻ 날씨, 시간, 요일!

"여행회화. 기본의 기본입니다! 미리 준비해 두시면 유용하게 자주 쓸 수 있는 표현들입니다!!!"

초간편 기본회화!
Best Basic Conversation!

여행 베트남어 회화!
기본의 기본을 소개합니다.
6가지 기본 상황별로 정리했습니다!

대답할 때 자주
쓰는 표현들을
공부합니다!

예. / 네.
Dạ, Vâng.
쟈아 벙

아니오.
Dạ, không.
쟈아 콤

알겠습니다. / 그래요.
**Tôi hiểu rồi. /
Như vậy.**
또이 히유 로이 / 니으 바이

❶ 대답하는 법!

알겠습니다. / 알았습니다.

Tôi hiểu.
(Tôi hiểu rồi.)

또이 히유 (또이 히유 로이)

맞습니까?

Có đúng không?

꼬오 두움 꼼

맞아요. / 그렇습니다.

Đúng rồi. / Như thế.

두움 로이 / 니으 테에

좋은 생각입니다.

Một ý nghĩ hay.

모옷 이 응이이 하이

가장 많이 쓰는 대답 표현들입니다.

초간편 기본회화!
Best Basic Conversation!

여행 베트남어 회화!
기본의 기본을 소개합니다.
6가지 기본 상황별로 정리했습니다!

다양한 인사법들을 연습해 보겠습니다!

안녕하십니까? (아침)

Xin chào (Sáng).

씬 짜오

안녕하십니까? (낮)

Xin chào (Trưa).

씬 짜오

안녕하십니까? (저녁)

Xin chào (Tối).

씬 짜오

안녕히 주무세요.

Chúc ngủ ngon.

쭉 응우 응온

❷ 인사할 때!

안녕히 계세요(가세요).

Chúc ở lại mạnh khoẻ.

(Chúc đi mạnh khoẻ.)

쭉 어얼 라이 마안 쾌애(쭉 디 마안 쾌애)

또 만납시다!

Hẹn gặp lại.

핸 갑 (을)라이

즐거운 주말되세요!

Chúc cuối tuần vui vẻ!

쭉 꾸이 뚜언 부이 배애

즐거운 하루 되세요!

Chúc một ngày vui vẻ!

쭉 못 응아이 부이 배애

인사할 때는 언제나 웃는 얼굴로 하셔야 해요~!

초간편 기본회화!
Best Basic Conversation!

여행 베트남어 회화!
기본의 기본을 소개합니다.
6가지 기본 상황별로 정리했습니다!

자기를 소개할 때
쓸 수 있는 기본
표현들입니다!

안녕하세요.

Xin chào.

씬 짜오

처음 뵙겠습니다:

Hân hạnh được gặp.

헌 하안 드윽 갑

어떻게 지내십니까?

Sống như thế nào?

쏘옴 니으 테에 나오

저도 잘 지내고 있어요.

Tôi cũng khoẻ.

또오 꾸움 쾌애

③ 자기소개!

저는 한국 사람입니다.

Tôi là người Hàn Quốc.

또일 라 응으이 하안 꿕

내 이름은 ~입니다.

Tên tôi là ~.

뗀 또일 라

당신의 이름은?

Còn tên của anh (chị, ông, bà)?

꼬온 뗀 꾸어 안 (찌 옴 바)

나는 한국에서 왔습니다.

Tôi từ Hàn Quốc đến.

또이 뜨 하안 꿕 데엔

이 정도로만 설명해도 당신은 이미 성공입니다!

초간편 기본회화!
Best Basic Conversation!

여행 베트남어 회화!
기본의 기본을 소개합니다.
6가지 기본 상황별로 정리했습니다!

부탁하실 일이 있으면 주저하지 말고 말씀하세요!

무엇을 도와드릴까요?

Tôi giúp được gì cho ông (bà, anh, chị)?

또이 쥬웁 드윽 지 쪼 옴(바 안 찌)

좀 도와주세요.

Xin hãy giúp đỡ.

씬 하아이 쥬웁 더어

실례합니다만,
말씀 좀 여쭙겠습니다.

Xin lỗi, tôi muốn hỏi chuyện!

씬 로이 또이 무운 호오이 쭈엔

④ 기본회화

④ 부탁할 때!

저를 좀 도와 주십시오.

Làm ơn giúp tôi.
(을)람 언 쥬웁 또이

이 일을 처리해 주셨으면 합니다.

Nhờ giúp xử lý việc này.
니어 쥬웁 스을 리 비엑 나이

물론이지요.

Dĩ nhiên.
지이 니인

좀더 천천히 말씀해 주십시오.

Làm ơn nói chậm hơn.
(을)람 언 노이 짬 헌

도움이 필요하십니까? 이렇게 말씀하십시오~!

초간편 기본회화!
Best Basic Conversation!

여행 베트남어 회화!
기본의 기본을 소개합니다.
6가지 기본 상황별로 정리했습니다!

도움을 받았다면
반드시 감사의
인사를 전합니다.

감사합니다.
Cảm ơn.
까암 언

고맙습니다.
Cám ơn.
까암 언

보살펴주셔서 감사합니다.
Cảm ơn đã quan tâm chăm sóc.
까암 언 다아 꽈안 떰 짬 쏙

❺ 감사의 인사!

아주 많은 도움 감사합니다.
Cảm ơn nhiều về sự giúp đỡ.
까암 언 니유 베에 스으 쥬웁 더어

천만에요.
Không có chi.
콤 꼬 찌

별 말씀을요.
Không có gì đâu.
꼼 꼬 지이 더우

필요하시면 또 말씀하세요.
Nếu cần thì xin cứ nói.
네우 꺼언 티이 씬 그으 노오이

감사의 인사, 정중하면 할수록 더욱 좋습니다~!

초간편 기본회화!
Best Basic Conversation!

여행 베트남어 회화!
기본의 기본을 소개합니다.
6가지 기본 상황별로 정리했습니다!

날씨와 시간에 대해 이야기 하는 방법들입니다!

좋은 날씨군요.

Thời tiết tốt đấy.
터이 띠잇 또옷 다이

날씨가 덥군요. (춥군요)

Thời tiết nóng! (lạnh)
터이 띠잇 놈 (을란)

비가 올 것 같습니다.

Hình như trời mưa.
히인 니으 쩌이 므아

지금 몇 시입니까?

Bây giờ là mấy giờ?
버이 져얼 라 머이 져어

6 날씨|시간|요일

11시 30분이에요.

Mười một giờ ba mươi phút.
므으이 못 져어 바 므으이 풋

오늘은 무슨 요일입니까?

Hôm nay thứ mấy?
홈 나이 트 머이

오늘 며칠입니까?

Hôm nay ngày mấy?
홈 나이 응아이 머이

10월 10일입니다.

Ngày mười tháng mười.
응아이 므으이 탕 므으이

요일과 날짜를 물을 때 쓰는 방법도 기억해 둡니다.

잠깐!!
베트남 여행정보!

✚ 베트남에 대한 일반적인 상식!

ⓐ **베트남의 정식 명칭** : 베트남 사회주의 공화국
(Socialist Republic of Viet Nam)

ⓑ **베트남의 인구** : 약 7천 400만 명

ⓒ **베트남의 수도** : 하노이

ⓓ **베트남의 언어** : 베트남어 (꾸옥응우)

ⓔ **베트남의 화폐** : 베트남 동 (Viet Nam Dong =VND)

ⓕ **기타 베트남 정보:**

시차 : 한국보다 2시간 느림

전압 : 220V/50W
(남부에서는 110V를 사용하는 곳도 있음)

1. 출발전 준비!

해외여행에 앞서 반드시 준비되어야 할 것들이 있습니다. 우선 기본적으로 갖추어야 할 것으로 ❶ 여권, ❷ 비자, ❸ 각종 증명서 빌급, ❹ 항공권, ❺ 환전 및 여행자 보험 가입, ❻ 여행정보수집 등을 들 수 있습니다.

❶ 여권의 준비!

● **여권의 종류** : 여권은 '대한민국 국민임을 증명하는 증명서' 입니다. 외국에서의 안전을 보장해 주는 신분증이기에 가장 중요한 준비물입니다. 여권의 종류는 관용여권과 일반여권으로 나뉘며, 여행자들이 받게되는 일반여권은 유효기간에 따라 복수여권(5년), 단수여권(1년)으로 나뉩니다. 복수여권은 5년간 사용횟수에 제한이 없기 때문에 일반적으로 많이 신청합니다.

● **여권의 신청** : 여권은 시, 구청 여권과에서 발급하며, 보통 2~3일 소요됩니다. (지방 시, 군청은 7~10일 소요) 여권 신청서류는 ⓐ 여권발급 신청서, ⓑ 주민등록등본 1통, ⓒ 주민등록증이나 운전면허증, ⓓ 여권용 사진 2매, ⓔ 병역서류 (국외여행허가서), ⓕ 발급비(복수여권:45,000원, 단수여권:15,000원) 등 입니다.

 ❷ 비자의 준비!

비자(VISA)는 '입국사증', 즉 '입국을 허락하는 증명서' 로서 베트남대사관에서 받을 수 있습니다. (서울시 종로구 삼청동 ☎ 02-738-2318)

베트남 비자의 종류는 크게 여행 비자와 비즈니스 비자로 나눌 수 있으며, 거기에 다시 1회만 입국이 가능한 단수 비자와 2회까지 가능한 복수 비자의 두 종류가 있습니다. 또한 비즈니스 비자의 경우 유효기간 내에 입국횟수에 제한이 없는 멀티 비자도 있습니다.

비자 신청 서류는 ⓐ **여권 (유효기간 3개월 이상의 것)**, ⓑ **비자신청서**, ⓒ **여권사진 2장**, ⓓ **여권 복사본**, ⓔ **수수료** 등 입니다.

❸ 각종 증명서!

ⓐ **국제학생증** : 국제학생여행연맹이 발급하는 전세계 어디에서나 통용되는 학생증입니다. 신청서류는 학생증사본, 반명함판 사진 1매, 신청서, 수수료이고, 발급장소는 국제학생여행사(☎ 02-733-9494)이며, 발급후 1년간 유효합니다. http://www.isic.co.kr

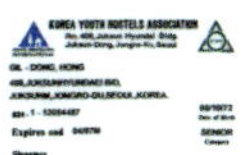

ⓑ 유스호스텔회원증 : 여행자를 위한 숙소인 세계 각국의 유스호스텔을 사용할 수 있는 회원증입니다. 신청서류는 회원신청서 1부이며, 발급장소는 한국유스호스텔연맹(02-725-3031)이나 각 지방 유스호스텔 연맹에서 신청 가능합니다.
http://www.kyha.or.kr

ⓒ 국제운전면허증 : 여행지에서 직접 운전을 하실 분이라면 반드시 챙겨가야 하는 것이 운전 면허증입니다. 신청은 관할 운전면허시험장에서 하며, 신청서류는 여권, 운전면허증, 주민등록증, 사진1매, 수수료(5,000원)입니다.

✚ 그밖의 여행준비물!

그밖에 필요한 여행준비물들로는 먼저 ⓐ 옷가지(해당지역의 기후에 맞게 2~3벌), 우비 또는 우산, 양말, 속옷(3~4벌)이 필수적이며, 비지니스맨이라면 색상이 다른 와이셔츠와 넥타이 세벌씩은 기본입니다. ⓑ 위생용구(수건, 세면도구, 화장품, 비상약품 - 감기약, 소화제, 정로환, 반창고, 붕대, 파스, 생리용품)가 필요할 것이며, 그리고 ⓒ 작은 배낭, 전대, 맥가이버 칼, 간단한 인스턴트 식품류 2~3일분, 소형 계산기, 카메라, 필름 등을 준비하면 됩니다.

❶ 항공권의 예약!

❶ 베트남항공입니다. 말씀하십시오.

❷ 베트남행 비행기편을 예약을 하고 싶습니다.

❸ 사이공행 항공편을 예약하고 싶습니다.

❹ 언제 떠나실 예정이죠?

❺ 이번 금요일이요.

❻ 목요일 오후에 출발하는 비행기가 있나요?

❼ 하노이까지 왕복 티켓료는 얼마입니까?

❽ 이코노미 클래스(2등석)로 주십시오.

❾ 그것으로 하겠습니다.

1 **Hãng hàng không Việt Nam nghe đây. Làm ơn nói đi.**
하앙 항 콤 비엣 남 응에 더이 을람 언 노이 디

2 **Tôi muốn đăng ký vé máy bay hàng không Việt Nam.**
또이 무온 당 끼이 배 마이 바이 항 콤 비엣 남

3 **Tôi muốn đăng ký vé đi Sài Gòn.**
또이 무온 당 끼이 배 디 사이 곤

4 **Dự định khi nào đi, thưa ông (bà)?**
즈 디인 키 나오 디 트아 옴 (바)

5 **Thứ Sáu tuần này.**
트 싸우 뚜언 나이

6 **Có máy bay đi chiều thứ năm không?**
꼬오 마이 바이 디 찌유 트 남 콤

7 **Vé khứ hồi đi Hà Nội là bao nhiêu?**
배 크으 호이 디 하 노일 라 바오 니유

8 **Hãy cho tôi vé hạng Economi (vé hạng hai).**
하아이 쪼 또이 배 항 이코노미 (배 항 하이)

9 **Rồi. Tôi chọn cái đó.**
로이 또이 쪼온 까이 도오

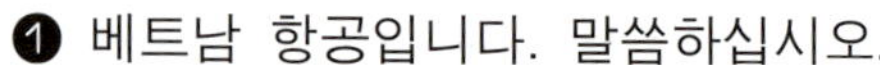

❶ 베트남 항공입니다. 말씀하십시오.

❷ 항공권 예약 재확인을 하고 싶습니다.

❸ 이 예약을 취소하겠습니다.

❹ 예약을 변경하고 싶습니다.

❺ 성함과 비행기 번호를 말씀해 주십시오.

❻ 제 이름은 김철수입니다.

❼ 저의 항공편 번호는 304입니다.

❽ 제 번호는 971-8346입니다.

1 **Đây là hàng không Việ Nam nghe. Làm ơn quý khách nói giùm.**
더일 라 항 콤 비엣 남 응에 을람 언 귀 캇 노이 쥼

2 **Tôi muốn xác nhận lại vé đã đăng ký.**
또이 무운 싹 년 을라이 배 다아 당 끼이

3 **Tôi hủy đăng ký này.**
또이 휘이 당 끼이 나이

4 **Tôi muốn thay đổi đăng ký vừa rồi.**
또이 무운 타이 도오이 당 끼이 브아 로이

5 **Xin hãy nói tên và số hiệu máy bay.**
씬 하아이 노이 텐 바아 쏘오 히유 마이 바이

6 **Tôi tên là Kim Chơl Su.**
또이 텐 을라 김 철 수

7 **Số hiệu chuyến bay là Ba Lẻ Bốn (304).**
쏘오 히유 쭈엔 바일 라 발 레에 본

8 **Số điện thoại của tôi là 9 7 1 8 3 4 6.**
쏘오 디인 트와이 꾸어 또일 라 찐 바아이 못 땀 바 본 싸우

➤ 항공권 예매관련 단어표현

여행사	Công ty du lịch 꼼티 쥬울릿
항공사	Hãng hàng không 하앙 항콤
항공권	Vé máy bay 배애 마이바이
예약	đạt mua trước 닷 무아 쯔으
확인	xác nhận 싹 년
재확인	tái xác nhận 따이 싹 년
취소	hủy bỏ 휘이 보오
정기편	chuyến định kỳ 쭈인 딘 끼이
항공권	Vé máy bay 배애 마이바이
탑승권	Vé lên máy bay 배앨 렌 마이바이
1등석	Vé hạng một (Vé hạng nhất) 배애 항 못 (배에 항 넛)
2등석	Vé hạng hai 배애 항 하이
항공편명	Tên chuyến bay 뗀 쭈인 바이
연락처	nơi liên lạc 너이 을린 락
수속	thủ tục 투우 뚝
카트	xe đẩy 쎄 더이
대한항공	Hàng không Korean Air 항 콤 코리안 에어
아시아나항공	Hàng không Asiana 항 콤 아시아나
베트남항공	Hàng không Việt Nam 항 콤 비엣 남

2. 출국수속!

❶ 출국준비의 순서!

공항에서의 출국수속은 크게 다음과 같이 진행됩니다. 공항에 도착하시면 다음과 같은 순서로 출국수속을 밟으세요.

❶ 병무신고(남자 : 공항병무신고 사무소 3층 A카운터에서 확인필증 교부), ❷ 항공사 체크인(자신이 이용할 항공사 카운터로 이동해서 비행기 좌석번호와 수하물표를 받음), ❸ 관광진흥기금 구입(10,000원, 자동판매기 이용) 및 환전(공항 환전소나 공항내 면세점 구역 환전소 이용), ❹ 출입국신고서 작성(출국심사대 앞에 비치되어 있음), ❺ 비행기 탑승수속, ❻ 세관신고(고가품은 신고필증(**custom stamp**)을 교부

받도록 함), ❼ 보안검색(금속탐지문 통과), ❽ 출국심사 (탑승권, 여권, 출입국신고서를 제출하면 심사관이 확인한 후 날인과 함께 출입국신고서의 한쪽을 절취해 여권에 부착해 줌), ❾ 탑승 게이트로 이동, ❿ 탑승의 순서로 임하시면 되겠습니다.

공항에는 최소한 2~3시간 전에 도착하도록 하며, 비행기 출발 30분 전에는 탑승게이트 대기실에 도착해 있어야 합니다.

❷ 인천국제공항 상식

ⓐ **공항까지의 교통편** : 국제선 이용 승객은 인천국제공항을 이용합니다. 인천국제공항까지는 인천국제공항 전용고속도로 (40.2km)를 이용합니다. 서울에서 인천공항까지의 이동 방법 으로는 리무진 버스(서울역-인천국제공항간 75분 소요), 택 시(60분 소요), 지하철(5호선 방화역, 김포공항에서 리무진 버스로 환승)을 이용하실 수 있습니다. 운송화물을 미리 보 낼 경우, 김포 도심 터미널이나 삼성동 서울 도심공항 터미 널을 이용하시면 공항 이용료가 할인됩니다.

> 인천국제공항 : **www.airport.or.kr**
> 서울 도심공항터미널 : **www.kcat.co.kr**

ⓑ **공항 면세점** : 출국심사를 마치고 탑승게이트 쪽으로 들 어서면 공항 면세점이 중앙에 있습니다. 선물(시계, 화장품, 향수, 민속상품, 기념품)이나 기호품(담배, 술, 초콜릿, 문구 류, 필름)을 할인된 가격으로 살 수 있습니다.

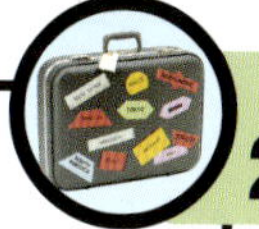

❸ 공항에서 할 일!

ⓐ **병무신고** : 만 18세 이상 30세까지의 병역미필자는 인천국제공항 청사 3층에 있는 병무신고소에 거주지 동사무소로부터 발급 받은 신고필증을 제출하고, 확인필증을 교부받으면 됩니다.

ⓑ **항공사 데스크에서의 보딩패스** : 항공사 데스크로 가서 여권, 항공권을 제시하면 비행기내 좌석번호를 받게 됩니다. 그리고 탁송할 화물들을 계근대 위에 올려 놓으면 항공사 직원은 확인 후 수하물표(claim tag)를 가방에 달아 주고, 화물의 인환증을 항공표 뒷면에 붙여 줄 것입니다. 이때 인환증의 갯수와 행선지 표시를 반드시 확인해 만약 화물이 분실되었을 경우를 대비해야 합니다.

ⓒ **출국수속** : 공항이용권을 내고 출국심사장으로 들어 가면 곧바로 세관을 통과하게 되고 출국심사대 앞에 서게 됩니다. 이때는 여권, 항공권, 출국신고서를 심사대 직원에게 제출하면 됩니다. 직원은 여권의 유효관계를 확인하고 출국심사확인표를 여권에 붙여 줍니다.

✚ 관광진흥기금 구입과 출입국신고서 작성

'관광진흥기금'은 각 데스크 근처의 자동판매기에서 살 수 있으며, 가격은 10,000원입니다. (이것은 출국수속장 입구에 내시면 됩니다) 그리고 출입국신고서는 탑승수속 카운터 앞쪽에 마련된 테이블에 비치되어 있는 출입국신고서(**E/D Card**) 양식에 작성하면 됩니다. 양식은 한글, 한자, 알파벳으로 작성합니다.

❶ 보딩패스! 1.

❶ 비행기표를 보여 주시겠습니까?

❷ 여기 있습니다.

❸ 통로측 좌석을 원합니다.

❹ 네, 여기 있습니다. 좌석번호는 A-20입니다.

❺ KAL카운터로 이 짐을 운반해 주세요.

❻ 짐이 있습니까?

❼ 있습니다.

❽ 없습니다.

❾ 1개 있습니다.

2

❶ **Làm ơn cho xem vé máy bay.**
을람 언 쪼 쌤 배 마이 바이

❷ **Dạ đây.**
쟈아 더이

❸ **Tôi muốn ghế ngồi phía đường đi.**
또이 무운 게에 응오이 피아 드응 디

❹ **Vâng, đây ạ. Số ghế ngồi là A-20 (A hai mươi).**
벙 더이 아 쏘오 게에 응오일 라 아-하이므으이

❺ **Làm ơn chuyển hành lý này đến quầy của KAL.**
을람 언 쭈엔 한 을리이 나이 데엔 꽈이 꾸어 칼

❻ **Có hành lý không?**
꼬오 한 을리이 콤

❼ **Dạ có.**
쟈아 꼬오

❽ **Dạ không.**
쟈아 콤

❾ **Có một cái.**
꼬오 못 까이

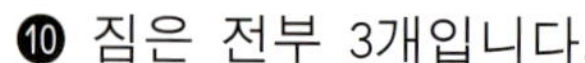

❿ 짐은 전부 3개입니다.

⓫ 탑승 수속은 어디에서 합니까?

⓬ 5번 게이트는 어디입니까?

⓭ 공항 이용료는 얼마입니까?

⓮ 탑승 시간은 언제입니까?

⓯ 면세점은 어디에 있습니까?

⓰ 저쪽에 있습니다.

탑승권 : **Vé lên máy bay** (베엘 렌 마이 바이)
여권 : **Hộ chiếu** (호오 찌유)
항공권 : **Vé máy bay** (베에 마이 바이)

2

⑩ Hành lý tổng cộng có ba cái.
항 을리이 또옴 꼬옴 꼬오 바 까이

⑪ Làm thủ tục lên máy bay ở đâu?
을람 투우 뚝 을렌 마이 바이 어어 더우

⑫ Cửa số 5 ở đâu?
끄으아 쏘오 남 어어 더우

⑬ Phí sân bay là bao nhiêu?
피이 썬 바일 라 바오 니유

⑭ Khi nào lên máy bay?
키이 나올 렌 마이 바이

⑮ Quầy bán hàng miễn thuế ở đâu?
과이 반 항 미인 두에 어이 더우

⑯ Ở phía đằng kia.
어어 피아 당 끼아

공항세 : **Thuế sân bay** (투에 썬 바이)
좌석번호 : **Số ghế ngồi** (쏘오 게에 응오이)
흡연금지 : **Cấm hút thuốc** (꺼머 후웃 투욱)

앗! 단어장!

공항 관련 단어표현

공항	**Sân bay / phi trường** 썬 바이/ 피 쯔응
국제공항	**Sân bay quốc tế** 썬 바이 궈억 떼에
국제선	**Tuyến quốc tế** 뚜인 궈억 떼에
국내선	**Tuyến quốc nội (trong nước)** 뚜인 궈억 노이 (쫌 느윽)
안내소	**Phòng hướng dẫn** 포옴 흐응 져언
입국수속	**Thủ tục nhập cảnh** 투우 뚝 녑 까안
검역소	**Phòng kiểm dịch** 포옴 끼임 짓(직)
검역증명서	**Giấy chứng nhận kiểm dịch** 져이 쫑 넌 끼임 짓(직)
세관	**Hải quan** 하이 관
탁송화물	**hàng nhờ gửi** 항 녀어 그으이
탑승구	**Cửa lên máy bay** 끄알 렌 마이 바이
대합실	**Phòng chờ** 포옴 쩌어
트렁크	**Vali** 발리
신분증명서	**Chứng minh thư(chứng minh nhân dân)** 쯩 밍 트으(쯩 밍 년 전)
출국수속	**thủ tục xuất cảnh** 투우 뚝 수엇 까안
입국수속	**thủ tục nhập cảnh** 투우 뚝 녑 까안
출발지	**nơi xuất phát** 너이 수엇 파앗
도착지	**nơi đến** 너이 데엔

3. 출발! 기내에서

❶ 기내의 안전수칙!

ⓐ **지정좌석** : 기내에서는 지정된 좌석에 앉아야 합니다. 짐은 머리 위쪽의 선반에 넣는데 안전을 위해 무거운 짐은 다리 아래에 놓습니다. 승무원의 지시에 따라 이착륙시에는 좌석에 앉고, 반드시 안전밸트를 착용합니다. 좌석상단의 메시지 램프에는 안전고도에서 정상운행 중일지라도 기류에 따라 경고등이 표시되곤 합니다. 이때 '**No Smoking**'은 '금연'을, '**Fasten Seat Belt**'는 '안전벨트를 매시오' 라는 뜻입니다.

ⓑ **좌석의 조정** : 비행기의 좌석은 뒤로 젖힐 수 있게 되어있어 장거리 여행시에는 뒤로 눕혀 잠을 잘 수도 있습니다. 그러나 이착륙시나 식사 때는 의자를 바로 세워 정위치로 만듭

니다. 눕힐 때는 뒷좌석의 손님에게 양해를 구하거나 천천히 젖히는 것이 바람직합니다. 자리가 불편할 경우 승무원에게 부탁하면 다른 자리로 옮길 수 있습니다.

ⓒ **안전사항 :** 비행기 멀미를 하시는 분이라면 좌석 앞주머니에 준비되어 있는 구토용 봉지를 사용하시거나, 호출버튼을 눌러 스튜어디스에게 찬음료나 진정제 등을 부탁할 수 있습니다. 그리고 기내 주요 유의사항으로는 비행기 안전운항에 장애가 될 수 있기 때문에 모든 전자제품의 사용을 금하는 것과 다른 승객에게 불편이 될 수 있기 때문에 기내에서는 금연이라는 것, 그리고 흉기의 기내 반입은 절대 금지되고 있음을 기억해 주십시오.

❷ 기내의 식사!

기내식으로 제공되는 것으로는 식사, 차, 주류 및 청량음료 등이 있습니다. 좌석의 등급별로 식사는 다르게 나오며, 본인이 못 먹는 음식은 피할 수도 있습니다. (채식식단과 육식식단이 함께 준비되기 때문에 선택적으로 주문이 가능합니다.) 기내식은 통상 이륙 후 3~4시간 후에 서비스됩니다. 음료는 식사 때가 아니더라도 필요하면 언제라도 주문이 가능하며, 기내에서는 탄산음료 보다는 물이나 과일 주스류가 좋습니다. 주류는 제한된 양이지만 맥주 한두 캔이나 와인 한두 잔은 무료로 서비스됩니다. 그러나 기내에서의 음주는 기압과 안전을 고려해 평소 주량의 1/3 정도만 드시는 것이 좋습니다.

❸ 기내의 서비스들!

베트남까지 항공편으로 갈 경우 소요되는 시간은 약 6시간 정도입니다. 베트남행 기내에서는 좌석의 팔걸이에 장치된

다이얼과 좌석 주머니의 이어폰을 사용하여 영화와 함께 스포츠 방송을 볼 수 있고, 팝송, 컨트리송, 가요, 클래식 등 장르별로 음악을 즐길 수도 있습니다. 영화나 방송의 내용 그리고 음향이나 채널의 안내는 앞에 비치된 안내책자를 참고하십시오. 그밖에 베트남 신문, 잡지 및 트럼프, 바둑 등의 오락기구도 구비되어 있어서 필요할 때 승무원에게 요구하시면 됩니다. 이들 오락기구는 대부분 승객들에게 서비스 되는 것들로 기념품으로 가져가도 됩니다. (단, 헤드폰과 담요는 반납해야 함)

❹ 기내의 면세쇼핑!

기내에서는 양주, 담배, 향수, 시계, 화장품, 스카프, 완구 등의 기호품과 선물용품들이 면세된 가격으로 판매됩니다. 세계적으로 유명한 제품들이 선정되어 구비되어 있으며, 주문과 배달도 가능합니다. 쇼핑 품목 및 수량은 베트남의 반입 허용량을 고려하여 구입하도록 하며 보통 담배 400개비 이상이나, 1.5L 이상의 알코올류 등은 입국시에 신고해야합니다. .

✚ 기내화장실 상식!

기내 화장실은 남녀 공용입니다. 화장실의 현재 사용 상태는 벽면의 표시등으로 표시됩니다. 사용중이면 **'Occupied'**, 비어 있을 때는 **'Vacant'**라는 표시등에 불이 켜집니다. 화장실로 들어 갈때는 문을 밀어서 열고, 나올 때는 잡아 당겨서 문을 엽니다. 화장실의 사용법은 일반 수세식변기 사용과 같으며, 사용한 휴지는 쓰레기통에 버려야 합니다. 이착륙시 또는 이상 기류로 기체가 흔들릴 때는 **'Return to seat'**(좌석으로 돌아가라)라는 표시등이 켜지게 됩니다. 이럴 땐 서둘러 자리로 돌아가도록 합니다. 그리고 화장실도 금연구역이므로 반드시 지키도록 합니다.

❶ 탑승권을 보여 주시겠습니까?

❷ 여기 있습니다.

❸ 손님 좌석은 30-B입니다.

❹ 고맙습니다.

❺ 실례합니다. 제 자리는 12-D입니다.

❻ 좌석 12-D는 어디입니까?

❼ 손님 좌석은 저쪽 통로 쪽입니다.

❽ 이 좌석이 어디입니까?

❾ 이쪽으로 오십시오.

3

❶ Làm ơn cho xem vé lên máy bay.
을람 언 쪼 쎔 베엘 렌 마이 바이

❷ Dạ đây.
쟈야 더이

❸ Số ghế của quý khách là 30-B.
쏘오 게에 꾸어 귀 캇(칵) 을라 바므으이-베

❹ Cảm ơn.
까암 언

❺ Xin lỗi, ghế của tôi số 12-D.
씬 을로이 게에 꾸어 또이 쏘오 므으이하이-데

❻ Số ghế 12-D ở đâu?
쏘오 게에 므으이하이-데 어어 더우

❼ Ghế của quý khách là ở phía đường đi đằng kia.
게에 꾸어 귀이 캇(캇) 을라 어어 피아 드응 디이 당 끼아

❽ Ghế này ở đâu?
레에 나이 어어 더우

❾ Mời lại phía này.
머일 라이 피아 나이

❶ 자리 좀 바꾸어 주실 수 있습니까?

❷ 네, 뒤쪽에 빈자리가 많이 있습니다.

❸ 통로쪽 자리였으면 좋겠습니다.

❹ 잠깐 지나가도 될까요?

❺ 이 자리에 앉아도 되겠습니까?

❻ 죄송합니다만, 여긴 제자리 같습니다.

❼ 좌석을 제 위치로 해 주십시오.

❽ 의자를 뒤로 젖혀도 되겠습니까?

❾ 이 비행기는 정시에 이륙합니까?

❶ Làm ơn có thể đổi giùm ghế được không?
람 언 꼬오 테에 도오이 줌 게에 드윽 코옴

❷ Vâng, phía sau kia còn nhiều ghế trống.
벙 피아 사우 끼아 꼰 니유 게에 쫑

❸ Nếu được ghế phía đường đi thì tốt hơn.
네우 드윽 게에 피아 드응 디 티이 또옷 헌

❹ Tôi xin phép đi qua một chút.
또이 씬 펩 디 과 못 쭈웃

❺ Tôi ngồi ghế này có được không?
또이 응오이 게에 나이 코오 드윽 콤

❻ Xin lỗi, hình như chỗ này là của tôi.
씬 을로이 힌 니으 쪼오 나일 라 꾸어 또이

❼ Xin hãy ngồi đúng vị trí.
씬 하이 응오이 두움 비 찌이

❽ Có thể bật ghế ngồi ra sau được không?
꼬오 테에 벗(벅) 게에 응오이 라 사우 드윽 콤

❾ Máy bay này cất cánh đúng giờ không?
마이 바이 나이 껏 깐 두움 져 콤

❶ 닭고기 또는 쇠고기를 드시겠습니까?

❷ 쇠고기요리로 주세요.

❸ 녹차와 홍차 중 어떤 것을 드릴까요?

❹ 홍차로 주세요.

❺ 물을 좀 주세요.

❻ 오렌지 주스로 주십시오.

❼ 손님, 식사 다 하셨습니까?

❽ 네, 잘 먹었습니다.

❾ 고맙습니다.

3

❶ Ông dùng thịt gà hay thịt bò chứ?
옴 줌 팃 가아 하이 팃 보오 쯔으

❷ Cho tôi món nấu thịt bò.
쪼 또이 모온 너우 팃 보

❸ Trà xanh hay hồng trà, ông dùng thứ nào?
짜아 싼 하이 홈 짜아 옴 줌 트 나오

❹ Cho tôi hồng trà.
쪼 또이 홈 짜아

❺ Làm ơn cho tôi nước.
람 언 쪼 또이 느윽

❻ Làm ơn cho tôi nước cam.
람 언 쪼오 또이 느윽 깜

❼ Qúy khách đã dùng bữa xong chưa?
귀이 캇(칵) 다아 줌 브아 쏨 쯔아

❽ Vâng, tôi ăn ngon lắm.
벙 또이 안 응온 을람

❾ Cảm ơn.
까암 언

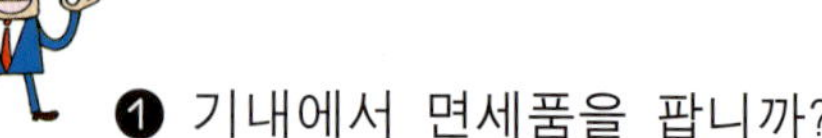

❶ 기내에서 면세품을 팝니까?

❷ 만년필 있습니까?

❸ 있습니다.

❹ 두 개에 얼마입니까?

❺ 여성용 화장품이 있습니까?

❻ 위스키 2병 주세요.

❼ 담배 있습니까?

❽ 한 보루 주세요.

❾ 한국 돈으로 지불해도 됩니까?

❶ Có bán hàng miễn thuế trên máy bay không?
꼬오 반 항 미인 투에 N) 마이 바이 콤

❷ Có bút máy không?
꼬오 붓 마이 코옴

❸ Dạ có.
쟈 꼬오

❹ Hai cái bao nhiêu tiền?
하이 까이 바오 니유 띠엔

❺ Có mỹ phẩm dùng cho phụ nữ không?
꼬오 미이 퍼엄 줌 쪼 푸 느으 콤

❻ Làm ơn cho tôi hai chai Uýt-ky.
람 언 쪼 또이 하이 짜이 윗끼이

❼ Có thuốc lá không?
꼬오 투욱 을라아 콤

❽ Cho tôi một cây.
쪼 또이 못 꺼이

❾ Trả bằng tiền Hàn Quốc có được không?
짜아 방 띠인 하안 궉 꼬오 드윽 콤

❶ 펜 좀 있습니까?

❷ 그럼요. 여기 있습니다.

❸ 제 입국서 좀 봐주시겠습니까?

❹ 어떻게 기재하는지 가르쳐 주십시오.

❺ 여기에 무엇을 써야 됩니까?

❻ 입국신고서를 한 장 더 얻을 수 있을까요?

❼ 제가 좀 틀리게 썼습니다.

3

❶ Cho hỏi có viết không?
쪼 호오이 꼬오 비잇 콤

❷ Dạ, có đây.
쟈 꼬오 더이

❸ Làm ơn coi giùm tờ khai xin nhập cảnh của tôi chứ?
람 언 꼬이 쥼 떠 카이 신 녑 까안 꾸어 또이 쯔으

❹ Chỉ cho tôi biết cách ghi như thế nào.
찌이 쪼 또이 비엣 깟 기이 니으 테에 나오

❺ Ở đây ghi gì chứ?
어어 더이 기이 지 쯔으

❻ Có thể cho tôi thêm một tờ khai xin nhập cảnh được không?
꼬오 테에 쪼 또이 템 못 떠어 카이 씬 녑 까안 드윽 콤

❼ Tôi viết sai rồi.
또이 비잇 사이 로이

❶ 여기에서 얼마나 체류하게 되나요?

❷ 약 1시간 정도입니다.

❸ 당신은 통과 여객이십니까?

❹ 얼마나 기다려야 합니까?

❺ 대합실에 면세점이 있습니까?

❻ 면세점은 어디에 있습니까?

❼ 내가 탈 항공편의 확인은 어디에서 합니까?

입국신청서 : **tờ khai xin nhập cảnh**
(떠어 카이 씬 녑 까안)
입국사증 : **thị thực nhập cảnh** (티이 특 녑 까안)

앗! 단어장!

3

❶ Phải lưu lại ở đây bao lâu?
파일 르울 라이 어어 더이 바올 러우

❷ Khoảng một tiếng đồng hồ.
콰앙 못 티잉 돔 호

❸ Ông là khách quá cảnh, phải không?
옴 을라 캇 꽈아 까안 파이 콤

❹ Phải chờ đợi bao lâu?
파이 쩌어 더이 바올 러우

❺ Có cửa hàng miễn thuế ở phòng chờ không?
꼬오 끄아 항 미인 투에 어어 포옴 쩌 콤

❻ Cửa hàng miễn thuế ở đâu?
끄아 항 미인 투에 어어 더우

❼ Tôi xác nhận chuyến bay sẽ đi tại đâu?
또이 싹 년 쭈엔 바이 쌔애 디 따이 더우

목적지 : **Nơi đến** (너이 덴)

이륙 : **cất cánh** (껏 깐)

착륙 : **Hạ cánh** (하아 깐)

앗! 단어장!

➡ 기내용 단어표현

기장	**Cơ trưởng**	꺼 쯔응
승무원	**Tiếp viên**	띠입 비인
여승무원	**Nữ tiếp viên**	느으 띠입 비인
객실	**Phòng khách**	포옴 캇(칵)
화물실	**Phòng hành lý**	포옴 한 리이
화장실	**Nhà vệ sinh**	냐 베 씬
이어폰	**Ống tai nghe**	옴 따이 응에
멀미주머니	**Túi nôn mửa**	뚜이 논 므으아
구명동의	**Áo cứu sinh**	아오 끄우 씬
기내선반	**Giá để hành lý**	쟈 데에 한 을리이
독서등	**Đèn đọc sách**	댄 독 사앗
안전벨트	**Đai an toàn**	다이 안 또안
금연	**Cấm hút thuốc**	껌 후웃 투욱

➡ 기내화장실 안내문구

비어 있음	**Đang trống**	당 쫌
사용중	**Đang sử dụng**	당 스으 쥼
콘센트	**ổ cắm**	오오 깜
재떨이	**Gạt tàn thuốc**	갓 딴 투욱
문을 잠그시오	**Hãy khoá cửa**	하아이 콰아 <u>끄으아</u>
버튼을 누르시오	**Hãy ấn nút**	하아이 언 눗
변기물을 내리시오	**Hãy dội cầu**	하아이 요이 꺼우

⮕ 경유 / 환승 관련 단어표현

비행기	**Máy bay**	마이 바이
대합실	**Phòng chờ**	포옴 쩌어
입구신청서	**Tờ khai xuất nhập cảnh**	떠 카이 수엇 녑 까안
입국사증	**thị thực nhập cảnh**	티이 트윽 녑 까안
목적지	**Nơi đến**	너이 덴
시차	**chênh lệch giờ**	쩐 을렛 져
이륙	**cất cánh**	껏 깐
착륙	**hạ cánh**	하아 깐

국제공항	**sân bay quốc tế** 썬 바이 꿕 떼에
통과여객	**hành khách quá cảnh** 한 캇(칵) 과와 까안
탑승수속대	**quầy thủ tục lên máy bay** 꽈이 투우 뚝 을렌 마이바이
항공시간표	**thời gian biểu hàng không (lịch bay)** 터이 쟌 비유 항 콤 (릭 바이)

✚ 베트남 입국 상식!

베트남으로 가는 방법에는 우리나라에서 항공기편으로 직접 베트남까지 가는 것 이외에 2가지 경로가 있습니다. 그 첫번째는 방콕이나 홍콩, 대만 등의 도시를 경유하는 방법으로서. 이곳에서 저렴한 항공권을 구하여 베트남에 입국할 수 있으며, 두번째는 육로를 통하여 베트남에 입국하는 방법으로서 중국, 캄보디아, 라오스의 국경을 넘어서 열차나 자동차로 베트남에 들어가는 것입니다.

육로를 통해서 베트남에 입국할 경우 국경에서 비자 발급을 하지 않으므로 미리 베트남 비자를 받아 두어야 합니다.

4. 목적지 도착!

❶ 입국절차 상식!

목적지의 공항에 도착해서 비행기에서 내리면 곧 입국절
차를 밟게 됩니다. 입국절차는 출국과 반대의 순으로 진
행됩니다. 즉 ⓐ 공항도착, ⓑ 'Arrival' 이라고 표시된 출
구로 나갑니다, ⓒ 입국심사, ⓓ 수하물 찾기, ⓔ 세관검
사, ⓕ 입국완료의 순으로 진행됩니다. 좀 더 세부적으로
소개하면 다음과 같습니다.

입국심사의 모든 것!

❷ 입국심사!

입국심사대(**Immigration**)로 가서 여행자가 심사원에게 여권과 입국 신고서를 제시하면 심사관리는 여권확인과 함께 스탬프를 찍고 입국카드 확인부분을 여권에 넣어 다시 돌려주는데, 이렇게 하면 입국심사가 완료됩니다. 보통은 입국경위나 체재지, 체재기간 등을 묻지 않으므로 심사절차가 간단하게 마무리 됩니다.

❸ 수하물 찾기!

입국심사를 마치면 '수하물 찾는곳'(**baggage claim area**)으로 갑니다. 찾을 짐이 많으면 짐수레(**cart**)를 준비해 탁송된 짐이 실려 나오는 콘베이어 앞에서 기다립니다. (비슷한 가방이 많기 때문에 이름을 반드시 확인할 것) 국제공항에는  수하물 찾는 곳이 여러 곳이므로, 본인이 이용했던 항공편 표시등 아래로 찾아가야만 착오가 없습니다. 수하물이 나오는 시간은 보통 30분 정도 걸리며, 착륙 비행기가 많을 경우에는 1시간 넘게 걸리는 때도 있습니다. 자신의 짐이 발견되면 수하물 인환증(**claim tag**)의 번호와 짐 번호를 확인하도록 하며, 만약 짐이 나오지 않을 경우에는 항공사 직원에게 협조를 구하도록 합니다. 분실신고는 화물도착 후 4시간 이내에 해야 합니다.

 ## ❹ 세관통관 상식!

짐을 찾으면 마지막 통관문인 세관검사대(**Customs**)로 갑니다. 신고 순서가 되기 전에 모든 짐의 자물쇠를 풀어 세관원이 쉽게 볼 수 있게 합니다. 기내에서 작성한 세관 신고서와 여권을 세관원에게 제시하면 이를 토대로 짐을 조사하는데 주로 검색하는 품목은 과세 대상품입니다. 그러므로 과세 대상품에 속하는 귀금속, 사치품, 고급 카메라 등은 정확하게 신고해야 합니다. 만약, 과세대상을 신고하지 않으면 압류당하거나 무거운 벌금을 내게 됩니다. 이렇게 하면 베트남 입국을 위한 모든 심사과정이 끝이 납니다.

✚ 입국카드 작성법!

입국카드는 기내에서 미리 작성해 두도록 합니다. 입국카드의 작성법은 반드시 볼펜으로 기입하며, 영문 대문자로 씁니다. 기록내용은 ① **성과 이름**, ② **생년월일**, ③ **성별**, ④ **여권번호**, ⑤ **국적**, ⑥ **베트남비자번호**, ⑦ **동행 사람수**, ⑧ **항공기 편명**, ⑨ **직업(해당란에 표시)**, ⑩ **베트남내 체류지**, ⑪ **서명** 등을 각각 기입하면 됩니다.

❶ 입국심사는 어디에서 합니까?

❷ 여권 좀 보여 주시겠습니까?

❸ 검역증명서를 보여주세요.

❹ 방문 목적은 무엇입니까?

❺ 여행 왔습니다.

❻ 사업차 왔습니다.

❼ 친척을 방문하러 왔습니다.

❽ 베트남 방문이 처음이십니까?

❾ 네, 이번이 처음입니다.

4

❶ Kiểu tra nhập cảnh ở đâu?
끼임 짜 녑 까안 어어 더우

❷ Làm ơn cho tôi xem hộ chiếu được không?
람 언 쪼 또이 쌤 호 찌이유 드윽 콤

❸ Làm ơn cho xem giấy chứng nhận kiểm dịch.
람 언 쪼 쌤 져이 쯩 년 끼임 짓(직)

❹ Mục đích chuyến đi là gì (như thế nào)?
묵 띳(쭈인) 쭈인 디일 라 지 (니으 테에 나오)

❺ Đi du lịch.
디 쥬울릿(릭)

❻ Đến để làm ăn (kinh doanh).
덴 데엘 람 안 (낑 잔)

❼ Đến thăm họ hàng (Thăm thân).
덴 탐 호 항 (탐 턴)

❽ Đến Việt Nam lần đầu tiên, phải không?
덴 비엣 남 을런 더우 띠인 파아이 콤

❾ Vâng, Lần này là đầu tiên.
벙 을런 나일 라 더우 띠인

⑩ 며칠 동안 체류하십니까?

⑪ 30일입니다.

⑫ 2주일 정도입니다.

⑬ 어디에 가십니까?

⑭ 하이퐁입니다.

⑮ 하노이 어디에서 머무르실 겁니까?

⑯ 호치민 호텔에 머물 예정입니다.

⑰ 돌아갈 항공권을 갖고 계십니까?

⑱ 여기 있습니다.

⑩ Ông lưu lại bao lâu?
옴 을르울 라이 바올 러우

⑪ Dạ ba mươi ngày.
쟈 바 므으이 응아이

⑫ Khoảng hai tuần.
콰앙 하이 뚜언

⑬ Ông đi đâu?
옴 디 더우

⑭ Đi Hải Phòng.
디 하아이 폼

⑮ Nghỉ ở đâu tại Hà Nội?
응이이 어어 더우 따이 히 노이

⑯ Tôi định ở tại khách sạn Hồ Chí Minh.
또이 딘 어어 따이 캇 산 호 찌 민

⑰ Có mang theo vé máy bay đi trở về không?
꼬오 망 테오 베 마이 바이 디 쩌어 베 콤

⑱ Dạ đây.
쟈 더이

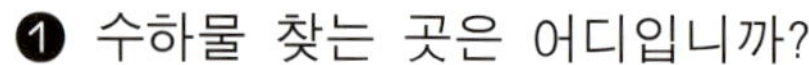

❶ 수하물 찾는 곳은 어디입니까?

❷ 수하물 찾는 곳은 저쪽입니다.

❸ 갈색가방이 제 것입니다.

❹ 나머지를 찾을 수가 없습니다.

❺ 실례합니다만, 제 가방을 찾을 수 없습니다.

❻ 제 짐을 찾을 수 있게 도와주세요.

❼ 그러죠. 수하물 인환증 가지고 계시죠?

신고하다 : **Khai báo** (카이 바오)

일용품 : **đồ dùng hàng ngày** (도 쯥 항 앙아이)

개인용품 : **đồ dùng cá nhân** (도 쯥 까아 년)

4

❶ Nơi nhận hành lý ở đâu?
너이 년 한 리이 어어 더우

❷ Nơi nhận hành lý chỗ đằng kia.
너이 년 한 리이 쪼오 당 끼아

❸ Chiếc cặp màu nâu là của tôi.
찌익 깝 마우 너울 라 꾸어 또이

❹ Không tìm được cái còn lại.
콤 띰 드윽 까이 코온 을라이

❺ Xin lỗi, tôi không thể kiếm được chiếc cặp của tôi.
씬 을로이 또이 콤 테에 끼임 드윽 찌익 깝 꾸어 또이

❻ Làm ơn giúp cho tôi kiếm được hành lý.
람 언 줍 쪼 또이 끼임 드윽 한 리이

❼ Vâng chứ, có mang giấy trả hành lý không?
벙 쯔 꼬오 망 져이 짜아 한 리 콤

반입금지 ： **cấm nhập** （껌 넙）

면세품 ： **Hàng miễn thuế** （항 미인 투에）

관세법 ： **Luật thuế quan** （을루엇 투에 관）

앗! 단어장!

❶ 신고하실 것이 있습니까?

❷ 없습니다.

❸ 친구에게 줄 시계가 있습니다.

❹ 위스키 두 병을 갖고 있습니다.

❺ 이것들은 모두 개인 소지품입니다.

❻ 이 카메라는 내가 사용하는 것입니다.

❼ 이 가방 좀 열어 주시겠습니까?

❽ 세관으로 가 주십시오.

❾ 수화물 보관증을 발급하나요?

❶ Có hàng gì phải khai báo không?
꼬오 항 지 파아이 카이 바오 콤

❷ Dạ, không.
쟈 콤

❸ Có một chiếc đồng hồ để tặng cho bạn.
꼬오 못 찌익 돔 호 데에 땅 쪼 반

❹ Có mang hai chai Uýt-ky.
꼬오 망 하이 짜이 윗끼

❺ Những thứ này tất cả là đồ dùng cá nhân.
니응 트 나이 떳 까알 라 도 줌 까아 년

❻ Máy ảnh này tôi sử dụng.
마이 아안 나이 또이 스으 줌

❼ Làm ơn có thể mở cho xem giỏ xách này không?
람 언 꼬오 테에 머어 쪼 쌤 죠오 싸앗 나이 콤

❽ Làm ơn đi sang quầy khai hải quan.
람 언 디 상 과이 카이 하이 관

❾ Có cấp giấy đang bảo quản hành lý không?
꼬오 껍 져이 당 바오 과안 한 리 콤

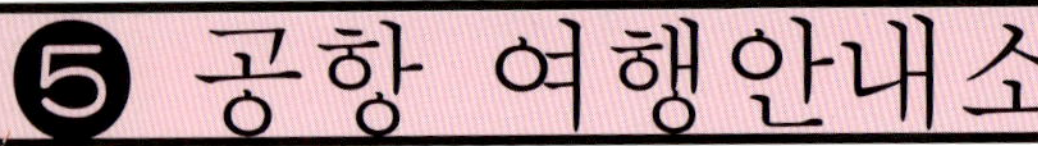

❶ 데탐 거리에 깨끗하고 저렴한 호텔로
가고 싶습니다.
(데탐과 팜응울라우 거리는 배낭객들이 주로 가는 호텔이 많은 거리)

❷ 방을 예약하고 싶습니다.

❸ 근처에 다른 호텔이 있습니까?

❹ 5성급 호텔에 묵고 싶습니다.

❺ 호텔까지 어떻게 갑니까?
(택시 요금은 낮에는 미터기데로 지불하며, 밤에는 약간의 tip을
지급합니다.)

❻ 시내로 가는 버스가 있습니까?
(실제로 현재까지는 공항내에 여행사등의 전용버스가 아니고는 일반 노
선 버스가 전혀 없습니다.)

❼ 버스 정류장은 어디 있습니까?

4

❶ Tôi muốn đi khách sạn có sạch và rẻ tiền nằm ở đường Đề Thám.
또이 무운 디 캇 산 꼬 싹 빠 래애 띠인 남 어어 드응 데 탐

❷ Tôi muốn đăng ký phòng ở.
또이 무운 당 끼이 포옴 어어

❸ Gần đây có khách sạn khác không?
건 더이 꼬오 캇(칵) 산 칵 콤

❹ Tôi muốn ở khách sạn cấp năm sao.
또이 무운 어어 캇(칵) 산 껍 남 사오

❺ Đến khách sạn đi bằng phương tiện gì?
덴 캇(칵) 산 디 방 프응 띠인 지

❻ Có xe buýt đi thành phố không?
꼬오 쎄 빗 디 타안 포오 콤

❼ Tạm dừng xe buýt ở đâu?
땀 증 쎄 빗 어어 더우

➡ 입국 관련 단어표현

여행자	**Người hành khách**	응으이 한 캇(칵)
관광	**Du lịch**	쥴릿(쥴릭)
사업	**Công việc kinh doanh**	꼼 비익 낑 쟌
연수	**Huấn luyện (thực tập)**	후언 을루인(특 떱)
회의	**Hội nghị**	호이 응이
안내소	**Bàn Hướng Dẫn**	반 흐응 져언
짐수레	**xe chuyển hàng**	쎄 쭈엔 항
신고하다	**Khai báo**	카이 바오
일용품	**đồ dùng hàng ngày**	도 쥽 항 앙아이
개인용품	**đồ dùng cá nhân**	도 쥽 까아 년
선물	**quà**	과아
약	**thuốc uống**	투욱 우옹
반입금지	**cấm nhập**	껌 녑
면세품	**Hàng miễn thuế**	항 미인 투에
관세법	**Luật thuế quan**	을루엇 투에 관
세관직원	**nhân viên hải quan**	년 비엔 하이 관

5. 호텔의 이용!

❶ 호텔의 예약!

요즘은 대부분 출발전 한국에서 호텔예약을 하거나 본인이 직접 인터넷으로 예약을 합니다. 때문에 호텔예약 확인증(바우쳐)을 받아서 가지고 나가면 숙소 문제는 미리 해결하고 갈 수 있습니다. 한국에서 호텔을 미리 예약할 경우, 현지 요금의 80~85% 정도로 저렴합니다. (대부분의 여행사나 인터넷 사이트를 이용하면 쉽게 찾을 수 있습니다.)

베트남 현지의 호텔을 정할 때 가장 중요한 사항은 교통이 편리한지, 식사가 제공되는지, 가격은 적당한지 등입니다. 예약시에는 원하는 방의 종류, 도착일, 숙박일수, 항공편 등을 알려 주어야 하며, 현지에서 예약할 경우는 직접 전화를 하거나 여행 안내소에 예약을 부탁하면 됩니다. 하지만 밤

늦게 도착할 경우나 작은 지방 도시에 가는 경우에는 미리 예약을 해두는 것이 좋겠습니다.

❷ 베트남의 호텔!

베트남에서는 호텔을 '칵산'이라고 부릅니다. 호텔요금은 트윈룸 기준으로 10\$에서 200\$이상인 것까지 다양하며 기본적으로 달러 지불을 원칙으로 하지만 동으로 지불할 수도 있습니다. 또 호텔에 따라 베트남인 요금의 3~5배의 외국인 요금을 정해놓은 곳도 있으므로 잘 알아보도록 합니다.

고급호텔 : 1박에 요금이 100\$~400\$이고 각종 부대시설이 잘 갖추어져 있으며 종업원의 서비스도 만족스럽습니다. 한국에서 미리 예약을 하고 가도록 합니다.

중급호텔 : 1박에 요금이 30\$~100\$ 정도로 객실 수는 고급호텔에 비해 적지만 시설면에서는 큰 차이가 없고 가격도 저렴하므로 여행자들에게 적합합니다.

저렴한 호텔 : 1박에 8\$~30\$ 정도로 요금이 저렴하고 기본적으로 화장실과 샤워시설이 방안에 되어 있지만 단수나 정전이 되는 경우가 종종 있으므로 대비하여야 합니다.

미니 호텔 : 1박에 요금이 3\$~25\$이고 20\$ 정도면 에어컨과 온수 샤워시설이 구비된 방을 구할 수가 있습니다. 요금도 저렴하고 쾌적한 방과 좋은 서비스때문에 여행객들에게 인기가 있으며 요즘은 E-mail이나 Fax로 한국에서도 예약할 수 있습니다.

 **❸ 체크인!**

체크인(**check in** : 숙박절차)은 프론트 데스크에서 합니다. 예약이 되어 있을 경우는 이름을 말하시고 예약확인서(바우쳐)를 제시하면 직원은 예약리스트 또는 예약카드를 조회한 후, 숙박신고서 기재를 요구할 것입니다. 숙박신고서에는 여권번호, 비자번호, 성명 등을 기입하도록 되어 있습니다. 또 체크인할 때 여권을 호텔에 맡겨야 하므로 체크아웃시 잊지않도록 주의합니다.

 **❹ 체크아웃!**

호텔의 숙박료는 하루, 즉 24시간 단위로 받습니다. 통상 정오에서 다음날 정오까지를 일박으로 계산하며, 이때가 이른바 체크아웃 타임(**check-out time**)입니다. 그 이상 호텔에 머물게 되면 숙박요금을 더 물게 됩니다. 요금을 지불하는 방식으로는 ⓐ 크레디트 카드와, ⓑ 현금으로 지불하는 방법 두가지가 있습니다. 호텔계산서에는 숙박한 일수, 룸서비스를 이용해 드신 것의 요금, 식사대(호텔의 레스토랑 노는 바에서 사인한 청구서 등), 호텔에서 외부에 건 전화요금, 세탁료, 객실 냉장고에서 꺼내 마신 음료수 값 등이 계산됩니다.

✚ 호텔 이용시 주의점!

호텔 이용시 도난 사건이 빈번히 일어나므로 귀중품은 객실 안전함이나 프런트에 맡기도록 합니다. 객실에서 도난 사고가 일어날 경우에 호텔에서는 책임을 지지 않으므로 개인 스스로가 주의를 하여야 합니다.

① 제 짐을 방까지 날라다 주세요.

② 프론트 데스크는 어디입니까?

③ 제 이름은 이민수입니다.

④ 저는 예약을 했습니다.

⑤ 숙박부를 기재해 주십시오.

⑥ 현금으로 지불하시겠습니까?

⑦ 비자카드를 사용하겠습니다.

⑧ 현금으로 하겠습니다.

⑨ 당신 짐이 더 있습니까?

5

❶ **Làm ơn đem hành lý của tôi lên phòng.**
람 언 뎀 한 을리 꾸어 또일 렌 포옴

❷ **Quầy tiếp khách ở đâu?**
과아이 띠입 캇(카) 어어 더우

❸ **Tên tôi là Y Min Su.**
뗀 또일 라 이 민 수

❹ **Tôi đã đặt chỗ trước rồi.**
또이 다아 닷(닥) 쪼오 쯔윽 로이

❺ **Hãy ghi vào sổ ở trọ cho tôi.**
하아이 기 바오 쏘오 어어 쪼 쪼 또이

❻ **Chi trả bằng tiền mặt chứ?**
씨 짜아 방 띠인 맛(막) 쯔으

❼ **Tôi sử dụng thẻ Visa.**
또이 스으 줌 태애 비자

❽ **Tôi sẽ sử dụng tiền mặt.**
또이 쎄에 스으 줌 띠인 맛(막)

❾ **Hành lý của ông còn nữa không?**
한 을리 꾸어 옴 꼬온 느아 콤

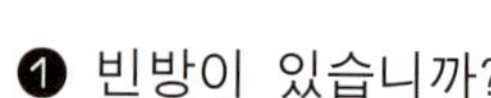

❶ 빈방이 있습니까?

❷ 예약은 못 했습니다.

❸ 다른 호텔을 추천해주십시오.

❹ 더블룸으로 드릴까요, 싱글룸으로 드릴까요?

❺ 싱글룸을 부탁합니다.

❻ 일주일 동안 묵을 생각입니다.

❼ 욕실(샤워실)이 있는 방을 원합니다.

❽ 조용한 방으로 주세요.

❾ 전망 좋은 방을 부탁합니다.

❶ **Có phòng trống không?**
꼬오 포옴 쫌 콤

❷ **Tôi chưa đặt trước.**
또이 쯔아 닷(닥) 쯔윽

❸ **Làm ơn giới thiệu giùm khách sạn khác.**
람 언 져이 티이유 쥼 캇 산 칵

❹ **Ông sử dụng đôi hay phòng đơn?**
옴 스으 쥼 도이 하이 포옴 던

❺ **Cho tôi phòng đơn.**
쪼 또이 포옴 던

❻ **Tôi nghĩ sẽ ở lại khoảng một tuần lễ.**
또이 응이 쎄에어얼 라이 쾅앙 못 뚜언 을레

❼ **Tôi muốn phòng có bồn tắm (phòng tắm).**
또이 무운 포옴 꼬오 본 땀 (포옴 땀)

❽ **Cho tôi phòng yên tĩnh.**
쪼 또이 포옴 인 띠인

❾ **Cho tôi phòng có cảnh tốt.**
쪼 또이 포옴 꼬오 까안 또옷

❸ 객실의 이용!

❶ 에어컨(냉난방)은 어떻게 조절합니까?

❷ 식당은 몇 시에 엽니까?

❸ 아침식사 룸서비스가 됩니까?

❹ 비상구는 어디에 있습니까?

❺ 더운 물이 나오지 않습니다.

❻ 수건이 없습니다.

❼ 텔레비전이 켜지지 않습니다.

❽ 다인용 방을 주세요.
(한 방을 침대의 숫자 인원수 만큼 주인이 맘대로 받는 방)

❶ **Máy lạnh (điều hoà) điều chỉnh như thế nào?**
마일 란 (디유 화) 디유 찌인 니으 테에 나오

❷ **Nhà hàng mấy giờ mở cửa?**
냐 항 머이 져 머 끄아

❸ **Buổi ăn sáng có phục vụ tại phòng không?**
부우이 안 쌍 꼬오 푹 부 따이 포옴 콤

❹ **Cửa thoát hiểm ở đâu?**
끄아 톼앗 히임 어어 더우

❺ **Không có nước nóng.**
콤 꼬오 느윽 놈

❻ **Không có khăn.**
콤 꼬오 칸

❼ **Không mở TV được.**
콤 머어 띠비 드윽

❽ **Cho tôi phòng cho nhiều người.**
쪼 또이 포옴 쪼 니유 응으이

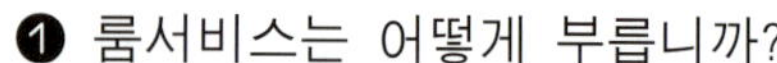

❶ 룸서비스는 어떻게 부릅니까?

❷ 룸서비스 부탁합니다.

❸ 방 번호를 가르쳐 주십시오.

❹ 여긴 305호실입니다.

❺ 7시 30분에 모닝콜 좀 부탁드릴게요.

❻ 주문한 아침식사가 아직도 오지 않았습니다.

❼ 따끈한 음료수 한 잔 주세요.

❽ 얼음과 생수를 좀 가져다 주십시오.

❾ 커피 한잔 주세요.

5

❶ **Làm thế nào để gọi phục vụ phòng?**
람 테에 나오 데에 고이 푹 부 포옴

❷ **Làm ơn cho tôi gặp phục vụ phòng.**
람 언 쪼 또이 갑 푹 부 폼

❸ **Chỉ cho tôi số phòng.**
찌이 쪼 또이 쏘오 포옴

❹ **Đây là phòng số Ba Không Năm (305).**
더일 라 포옴 쏘오 바 콤 남

❺ **Nhờ gọi giùm dậy lúc 7 giờ 30 phút.**
녀어 고이 쥼 져이 을룩 바아이 져 바 므으이 풋

❻ **Bữa ăn sáng đã gọi nhưng chưa thấy đem đến.**
브아 안 쌍 다아 고이 니응 쯔아 터이 댐 덴

❼ **Cho tôi một lý nước giải khát nóng.**
쪼 또이 못 을리 느윽 쟈이 캇 노옴

❽ **Làm ơn đem cho tôi nước đá và nước lọc.**
람 언 댐 쪼 또이 느윽 다아 바 느윽 을록

❾ **Cho tôi một lý cà phê.**
쪼 또이 못 을리 까 페

⑤ 프론트의 이용!

❶ 방을 바꾸고 싶습니다.

❷ 이 방은 너무 시끄럽습니다.

❸ 귀중품을 맡아 주시겠습니까?

❹ 이 짐을 좀 보관해 주시겠습니까?

❺ 315호실에 숙박하고 있습니다.

❻ 제 짐을 찾고 싶습니다.

❼ 제게 온 편지는 없습니까?

❽ 아침 식사가 포함되어 있습니까?

❾ 세금과 봉사료가 포함되어 있습니까?

❶ Tôi muốn đổi phòng.
또이 무운 도오이 포옴

❷ Phòng này ồn ào quá.
포옴 나이 온 아오 꽈

❸ Có thể cho gửi đồ quý được không?
꼬오 테에 쪼 그으이 도 귀이 드윽 콤

❹ Có thể gửi giùm hành lý này được không?
꼬오 테에 그으이 쥼 한 을리 나이 드윽 콤

❺ Tôi đang ở phòng Ba trăm Mười lăm.
또이 당 어어 포옴 바 짬 므으일 람

❻ Tôi muốn nhận hành lý của tôi.
또이 무운 년 한 을리 꾸어 또이

❼ Có thư gửi cho tôi không?
꼬오 트 그으이 쪼 또이 콤

❽ Có tính luôn bữa ăn sáng không?
꼬오 띤 을루운 브아 안 쌍 콤

❾ Bao gồm tiền phục vụ và tiền thuế chưa?
바오 곰 띠인 푹 부 바 띠인 투에 쯔아

❻ 호텔식당의 이용!

❶ 식당은 몇 층에 있습니까?

❷ 무엇을 주문하시겠습니까?

❸ 아침은 양식으로 주십시오.

❹ 계란 후라이와 베이컨을 주세요.

❺ 호텔 안에 한국식당이 있습니까?

❻ 물 좀 주시겠습니까?

❼ 카페인 없는 커피 있습니까?

❽ 계산서를 주시겠습니까?

❾ 이 요금을 숙박비에 포함시켜 주시겠습니까?

❶ Nhà hàng ở tầng mấy?
냐 항 어어 떵 머이

❷ Ông dùng gì? / Ông gọi gì?
옴 쥼 지   /   옴 고이 지

❸ Cho tôi bữa sáng kiểu tây phương.
쪼 또이 브아 쌍 끼유 떠이 프응

❹ Cho tôi trứng gà ốp la và thịt muối.
쪼 또이 쯩 가아 옵 을라 바 팃 무우이

❺ Trong khách sạn có nhà hàng Hàn Quốc không?
쫌 캇 산 꼬오 냐 항 하안 꿕 콤

❻ Cho tôi một lý nước được không?
쪼 또이 못 을리 느윽 드윽 콤

❼ Có cà phê không có caphêin không?
꼬오 까 페 콤 꼬오 까페인 콤

❽ Mang cho tôi giấy tính tiền được không?
망 쪼 또이 져이 띤 띠엔 드윽 콤

❾ Số tiền này có thể tính luôn tiền phòng được không?
쏘오 띠인 나이 꼬오 테에 틴 을룬 띠인 포옴 드윽 콤

❶ 내일 아침 일찍 체크아웃 하겠습니다.

❷ 오늘밤에 계산하겠습니다.

❸ 제 짐을 로비까지 내려주세요.

❹ 지금 체크아웃 하고 싶습니다.

❺ 모두 얼마입니까?

❻ 527호의 김진수입니다.

❼ 여행자수표 받습니까?

❽ 제 짐은 내려왔습니까?

❾ 잘 지냈습니다.

5

❶ Sáng sớm mai, tôi sẽ trả phòng.
쌍 썸 마이 또이 쌔애 짜아 포옴

❷ Sẽ tính tiền vào buổi tối này.
쌔애 띤 띠인 바오 부우이 또이 나이

❸ Làm ơn đem hành lý xuống quầy tiếp tân giùm tôi.
람 언 댐 한 을리 수웅 과이 띱 떤 줌 또이

❹ Tôi muốn trả phòng bây giờ.
또이 무운 짜아 포옴 버이 져

❺ Tất cả là bao nhiêu?
떳 까알 라 바오 니유

❻ Tôi là Kim Jin Su phòng 5 2 7.
또일 라 김 진 수 포옴 남 하이 바아이

❼ Đây có nhận séc du lịch không?
더이 꼬오 년 섹 쥴 릿 콤

❽ Đã đem hành lý của tôi xuống chưa?
다아 댐 한 을리 꾸어 또이 수웅 쯔아

❾ Tôi đã ở lại khoẻ.
또이 다아 어얼라이 쾌애

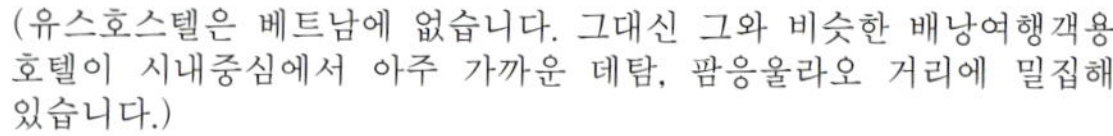

(유스호스텔은 베트남에 없습니다. 그대신 그와 비슷한 배낭여행객용 호텔이 시내중심에서 아주 가까운 데탐, 팜응울라오 거리에 밀집해 있습니다.)

❶ 팜 응울 라오 거리 (배낭여행객 거리)
어떻게 갑니까?

❷ 걸어서 얼마나 걸립니까?

❸ 몇 번 버스를 타야합니까?

❹ 여기서 오늘 밤 묵을 수 있습니까?

❺ 오늘 밤 다인 실이 있습니까?

❻ 1박에 얼마입니까?

❼ 3일간 머무르고 싶습니다.

❶ Đi đường Phạm Ngũ Lão như thế nào?
디 등 팜 응울 라오 니으 테에 나오

❷ Đi bộ mất bao lâu?
디 보 멋 바올 러우

❸ Phải đi xe buýt số mấy?
파이 디 쎄 빗 쏘오 머이

❹ Tôi có thể ở đây đêm nay được không?
또이 꼬오 테에 어어 더이 뎀 냐이 드윽 콤

❺ Đêm nay có phòng cho nhiều người không?
뎀 나이 꼬오 포옴 쪼 니유 응으이 콤

❻ Một đêm bao nhiêu tiền?
못 뎀 바오 니유 띠엔

❼ Tôi muốn ở 3 ngày.
또이 무운 어어 바아 응이아

호텔 관련 단어들!

호텔	**Khách sạn**	캇 산
프론트데스크	**Quầy tiếp tân**	과이 띱 떤
지배인	**quản lý**	과안 을리
회계원	**nhân viên kế toán**	년 비인 께 똬안
손님	**khách**	캇
관광지	**điểm du lịch**	디임 쥴 릿
숙박카드	**Vé lưu trú**	밸 르우 쭈우
싱글룸	**phòng đơn**	포옴 던
트윈룸	**phòng đôi**	포옴 도이
냉난방기	**máy sấy phòng lạnh**	
	머이 써이 포옴 을란	
명세서	**tờ kê khai**	떠어 께 카이
영수증	**biên nhận**	비인 년
귀중품	**hàng quý**	항 귀이
메모판	**bảng nhắn tin**	바앙 냔 띤
조용한 방	**phòng yên tĩnh**	포옴 이인 띠인
전망 좋은 방	**phòng có toàn cảnh tốt**	
	포옴 꼬오 똬안 까안 또옷	

5

욕실	**phòng tắm**	포옴 땀
욕조	**bồn tắm**	본 땀
샤워	**tắm hơi**	땀 허이
목욕타월	**khăn tắm**	칸 땀
수건	**khăn**	칸
화장실	**toilét / nhà vệ sinh** 또일렛 / 냐 베 씬	
휴지	**giấy vệ sinh**	져이 베 씬
비상구	**Cửa thoát hiểm**	끄으아 톼앗 히임
복도	**hàng lang**	한 랑
1층	**tầng một**	떵 못
2층	**tầng hai**	떵 하이
엘리베이터	**thang máy**	타앙 마이
층계	**cầu thang**	꺼우 타앙
로비	**phòng tiếp tân**	포옴 띠입 떤
행사장	**hội trường / nơi cử hành hoạt động** 호이 쯔응 / 너이 끄으 한 홧 똥	
식당	**nhà hàng / phòng ăn** 냐 항 / 포옴 안	
커피숍	**tiệm cà phê**	띠임 까 페

✚ 베트남의 축제일!

베트남의 축제일, 국경일에 대한 정보가 있다면 보다 많은 볼거리와 즐거움을 함께 할 수 있어서 여행에 도움이 될 것입니다. 다음은 베트남의 대표적인 축제일입니다.

동다 축제
음력 1월 5일에 동다에서 열리는 축제로 레슬링 시합 등이 열립니다.

림 마을의 축제
음력 1월 13일에 개최되는 림 마을의 축제로서 쩨오와 투계 투조가 실시됩니다.

뗏(Tết Nguyên Đan)
음력 정월에 행해지는 베트남 최대의 연중 행사로 풍성한 전통 요리와 함께 가족들이 모여 선조를 기리고, 사원에 참배를 하기도 합니다. 또 이 시기에는 신춘 꽃 전시회 같은 많은 행사가 열리기도 합니다.

흐엉 사의 축제
음력 2월 중순부터 3월말까지 하따이 성 흐엉사에서 열리는 축제로서 사원이나 동굴을 방문하고, 보트놀이와 등산을 즐깁니다.

태국 사원의 축제
음력 3월 5일부터 7일까지 하따이 성의 사이송에 있는 태국 사원에서 열리는 축제로서 민속예술이나 수상 인형극 등을 즐길 수 있습니다.

추석(Trung Thu)
음력 8월 15일에 열리는 어린이들의 축제로 이날 거리에서는 등이나 큰 북을 들고 걸어가는 아이들을 볼 수가 있습니다.

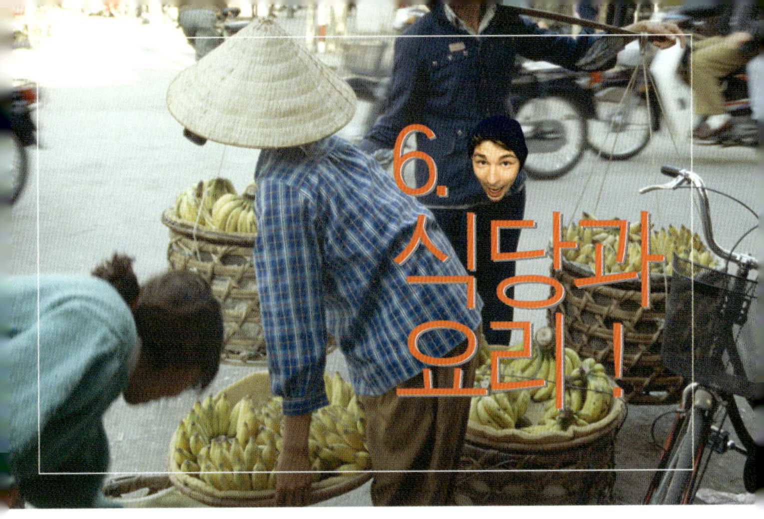

6. 식당과 요리!

❶ 베트남의 음식점!

베트남 요리는 이웃나라 중국의 영향을 받았지만 중국요리보다는 기름기가 석고 맛이 순하며 딘백합니다. 그리고 식재류로서 특별히 금지하는 식품이 없기때문에 다소 우리에겐 생소한 호저, 박쥐, 들쥐, 장수풍뎅이 등도 요리의 재료가 되기도 합니다. 그렇지만 이러한 재료들은 일반 가정식보다는 특별 요리에 해당하므로 일반 식당에서 식사를 할 경우에는 모르는 음식에 대해 두려워 하지 말고 풍성하고 다양한 베트남 요리를 즐기시길 바랍니다.

ⓐ 레스토랑 : 특별히 고급 레스토랑이 아니라면 예약을 할 필요는 없으며 가격은 음료와 요리 2~3가지를 합해서 1인당 10$~15$ 정도입니다. 메뉴판을 보고 주문하고 계산은 식사 후 테이블에서 하며 일반적으로 팁은 주지 않습니다.

ⓑ **꾸안 껌 빈젼** : 우리의 대중식당과 같은 것으로 밥과 반찬을 저렴한 가격으로 푸짐하게 먹을 수 있으며 포장도 가능합니다. 가계 앞에 놓여 있는 음식을 보고 주문을 하며 계산은 식사 후 테이블에서 합니다. 준비한 음식이 다 팔리면 가계문을 닫으므로 시간적인 여유를 갖고 좀 일찍 가도록 합니다.

ⓒ **포장마차** : 베트남 거리에는 수많은 포장마차들이 있는데 그 숫자만큼 그곳에서 파는 음식의 종류도 다양합니다. 아침

식사로 먹을 수 있는 죽과 국수를 파는 포장마차가 있는가하면, 주스와 간식거리를 파는 곳도 있고 베트남식 생맥주인 '비어허이'를 파는 포장마차도 있습니다. 관광을 하다가 길거리에서 만난 포장마차에서 먹는 간단한 요깃거리도 여행의 추억이 될 수 있을 것입니다.

❷ 베트남 요리!

베트남 요리의 기본은 **'껌'**, **'퍼'**, **'반미'** 입니다.

'껌' 은 '밥'을 뜻하는데 우리나라의 쌀과는 달리 찰기가 없습니다. 여기에 돼지고기, 닭고기, 생선류의 고기와 '깐' 이라 불리는 국, 그리고 '라우' 라는 생채를 반찬으로 먹습니다. 먹을 때는 긴 젓가락만을 사용하므로 '째' 이라는 작은 밥그릇을 들고 먹으며 국물은 마십니다.

6

‘**퍼**’는 뜨거운 국물에 말아먹는 쌀국수로서 육수에 쌀국수와 고기, 파, 숙주나물등을 넣어서 먹습니다. 넣는 고기의 종류에 따라 소고기를 넣으면 ‘퍼보’, 닭고기를 넣으면 ‘퍼가’인데 주로 ‘퍼버’를 많이 먹습니다.

‘**반미**’는 바게트 빵과 비슷한 것으로서 그냥 먹거나 또는 빵 가운데에 고기나 야채를 넣어서 먹기도 합니다.

✚ 베트남 요리의 핵, ‘느윽 맘’

베트남 요리의 맛은 멸치와 비슷한 까껌이라는 작은 물고기를 소금, 설탕에 넣고 발효시켜 만든 느윽 맘에 달려있다고 해도 과언이 아닐 것입니다. 이것은 우리의 젓갈과 비슷한 것으로 먹을 때는 굵은 고춧가루와 미원을 넣어서 먹습니다. 베트남 요리에서 느윽맘의 용도는 매우 다양하여 밥을 먹을 때에 뿌려 먹기도 하고 음식을 찍어 먹을 때, 또는 간이 싱거울 때에도 이것으로 간을 맞추어 먹습니다.

✚ 커피의 나라, 베트남.

베트남은 인도네시아에 이어 아시아에서 2번째의 커피 생산국으로서 미국과 유럽 등지의 10여개국에 수출을 하고 있습니다. 이곳의 주요 커피 생산지는 닥락지방과 다랏, 얄라이지방입니다. 베트남 커피는 우리가 마시는 것보다는 2~3배 진하므로 더운 물을 많이 넣어 마시는 것이 우리 입맛에는 적당합니다.

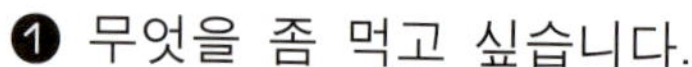

❶ 무엇을 좀 먹고 싶습니다.

❷ 근처에 유명한 레스토랑이 있습니까?

❸ 이 지방의 명물 요리를 먹고 싶습니다.

❹ 나는 베트남 정통 요리를 먹고 싶습니다.

❺ 이 근처에 중국요리점은 어디입니까?

❻ 한국 음식점으로 갑시다.

❼ 이쪽 자리에 앉아도 됩니까?

❽ 메뉴를 보여 주십시오.

❾ 한국어 메뉴가 있습니까?

6

❶ Tôi muốn ăn một chút gì đó.
또이 무운 안 못 쯧 지 도

❷ Gần đây có tiệm ăn nào nổi tiếng không?
건 더이 꼬오 띠임 안 나오 노이 띠잉 콤

❸ Tôi muốn ăn món ăn danh tiếng ở địa phương này.
또이 무운 안 몬 안 쟌 띠잉 어어 디아 프응 나이

❹ Tôi muốn ăn món ăn Việt truyền thống.
또이 무운 안 몬 안 비엣 쭈엔 통

❺ Gần đây có tiệm ăn Trung Hoa không?
건 더이 꼬오 띠임 안 쭝 화 콤

❻ Ta hãy đi tiệm ăn Hàn Quốc.
따 하아이 디 띠임 안 하안 꿔

❼ Tôi ngồi ở chỗ này được không?
또이 응오이 어 쪼오 나이 드윽 콤

❽ Cho tôi xem menu (bảng thực đơn).
쪼 또이 쌤 메뉴 (바앙 특 던)

❾ Có menu (bảng thực đơn) bằng tiếng Hàn không?
꼬오 메뉴 (바앙 특 던) 방 띠잉 하안 콤

❶ 예약이 필요합니까?

❷ 알겠습니다. 성함을 말씀해 주세요.

❸ 제 이름은 이진수입니다.

❹ 몇 분이십니까?

❺ 모두 여섯 명입니다.

❻ 7시에 가겠습니다.

❼ 영업은 몇 시까지입니까?

❽ 얼마나 기다려야 합니까?

❾ 이쪽으로 오십시오.

❶ Có cần phải đặt trước không?
꼬오 껀 파이 닷 쯔윽 콤

❷ Tôi hiểu, Xin cho biết quý danh.
또이 히유 씬 쪼 비엣 귀이 쟌

❸ Tên tôi là Y Jin Su.
뗀 또일 라 이 진 수

❹ Mấy người?
머이 응으이

❺ Tổng cộng có sáu người.
또옴 꼼 꼬오 싸우 응으이

❻ Tôi sẽ đi lúc bảy giờ.
또이 쌔에 디 을룩 버어이 져

❼ Làm việc đến mấy giờ?
람 비엑 덴 머이 져

❽ Phải chờ bao lâu?
파이 쩌 바올 러우

❾ Hãy đi theo lối này.
하아이 디 테올 로이 나이

❶ 스프링 롤 일인분에 얼마입니까?

❷ 퍼어따이남 두그릇 주세요.

❸ 후우띠유 남방 있습니까?

❹ 해물 복음밥 있어요?

❺ 이 집 '고이 응오 쌘 팃 또옴' 맛있나요?

❻ 생석굴 5개만 주세요.

❼ 바닷가재 1마리 통으로 구워주세요.

❽ '껌 스은' 1인분 주세요.

❾ 후식으로 자몽을 주세요.

❶ Chả giò một phần là bao nhiêu tiền?
짜아 조오 못 펀 을라 바오 니유 띠인

❷ Cho tôi 2 tô phở tái nạm.
쪼 또이 하이 또 퍼어 따이 남

❸ Có hủ tiếu nam vàng không?
꼬오 후우 띠유 남 빵 콤

❹ Có cơm chiên hải sản không?
꼬오 껌 찌인 하이 싸안 콤

❺ Đây gỏi ngó sen thịt tôm có ngon không?
더이 고오이 응오 쌘 팃 또옴 꼬 응온 콤

❻ Cho tôi 5 con hào tươi.
쪼 노이 남 꼰 하오 뜨이

❼ Cho tôi một con tôm hùm nướng nguyên con nhé!
쪼 또이 못 꼰 또옴 훔 느응 응원 꼰 니애

❽ Cho tôi một phần cơm sườn.
쪼 또이 못 퍼언 껌 스은

❾ Cho tôi trái bưởi cho món tráng miệng.
쪼 또이 짜이 브으이 쪼 몬 짱 미잉

❶ 우선 메뉴를 좀 보겠습니다.

❷ 이것으로 주세요.

❸ 여기에서 잘하는 음식을 소개해 주십시오.

❹ 오늘의 특별요리는 무엇입니까?

❺ 어떤 요리들이 있습니까?

❻ 간단히 먹고 싶습니다.

❼ 스테이크를 어떻게 익혀드릴까요?

❽ 반쯤 익혀주세요.

❾ 살짝 구워 주세요.

6

❶ Trước hết hãy cho xem thực đơn.
쯔윽 헷 하아이 쪼 셈 특 던

❷ Hãy cho tôi cái này.
하아이 쪼 또이 까이 나이

❸ Hãy giới thiệu cho tôi món ăn ngon ở đây.
하아이 져이 티유 쪼 또이 몬 안 응온 어어 더이

❹ Món đặc biệt hôm nay là món gì?
몬 닥 비엣 홈 나일 라 몬 지

❺ Có những món ăn gì?
꼬오 니응 몬 안 지

❻ Tôi muốn ăn đơn giản.
또이 무운 인 던 쟈안

❼ Muốn dùng món bít tết chín mức nào?
무운 쥼 몬 법 뗏 찐 믓 나오

❽ Làm tái cho tôi.
람 따이 쪼 또이

❾ Nướng ít cho tôi.
느응 잇 쪼 또이

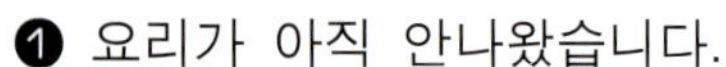

❶ 요리가 아직 안나왔습니다.

❷ 이것은 내가 주문한 것이 아닙니다.

❸ 이 요리는 어떻게 먹는거죠?

❹ 스푼을 떨어뜨렸습니다.

❺ 소금 좀 가져다 주세요.

❻ 생수 좀 주세요.

❼ 빵을 조금 더 주세요.

앗! 단어장!

아침식사 : **Điểm Tâm / Bữa ăn sáng**
(디임 떰 / 브아 안 쌍)
점심식사 : **Bữa ăn trưa** (브아 안 쯔아)
저녁식사 : **Bữa ăn tối** (브아 안 또이)

6

❶ **Món ăn vẫn chưa đem ra.**
몬 안 버언 쯔아 댐 라

❷ **Món này không phải là món tôi đã gọi.**
몬 나이 콤 파일 라 몬 또이 다아 고이

❸ **Món này ăn như thế nào?**
몬 나이 안 니으 테에 나오

❹ **Làm rơi muỗng(thìa).**
람 러이 무웅

❺ **Làm ơn đem muối cho tôi.**
람 언 댐 무우이 쪼 또이

❻ **Làm ơn cho tôi nước thiên nhiên (suối).**
람 언 쪼 또이 느윽 티인 니인 (수오이)

❼ **Làm ơn cho thêm bánh mì.**
람 언 쪼 템 바안 미

나이프(칼) : **dao** (쟈오)

포크 : **nĩa** (니이아)

국숟가락 : **muỗng canh** (무웅 깐)

앗! 단어장!

❶ 빅 버거와 콜라 한 병 주세요.

❷ 햄 샌드위치 하나와 파인애플 주스 한 병 주세요.

❸ 음료는 무엇으로 하시겠습니까?

❹ 콜라로 주세요.

❺ 아이스크림 하나 주세요.

❻ 커피로 하겠어요.

❼ 더 주문하실 것은 없으십니까?

❽ 여기서 드실건가요, 가지고 가실건가요?

❾ 여기서 먹을 거예요.

6. 식당과 요리 

6

❶ Cho tôi Bơgơ đặc biệt và một chai Côca.
쪼 또이 버거 닥 비엣 바 못 짜이 꼬까

❷ Cho một bánh mì san-wít và một chai nước dứa.
쪼 못 바안 미이 샌위치 바 못 짜이 느윽 즈어

❸ Dùng thức uống gì?
쥼 특 우옹 지

❹ Cho tôi một Côca.
쪼 또이 못 꼬까

❺ Cho một ly (cây) kem.
쪼 못 리 (꺼이) 껨

❻ Tôi sẽ uống cà phê.
또이 쌔애 우옹 까 페

❼ Có gọi thêm gì nữa không?
꼬 고이 템 지 느아 콤

❽ Dùng tại đây hay mang về?
쥼 따이 더이 하이 망 베

❾ Ăn tại đây.
안 따이 더이

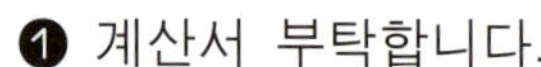

❶ 계산서 부탁합니다.

❷ 봉사료까지 포함되어 있습니까?

❸ 각자 냅시다.

❹ 내가 지불하겠습니다.

❺ 선불입니까?

❻ 제가 보기에 계산서가 잘못된 것 같습니다.

❼ 거스름 돈 여기 있습니다.

서비스요금 : **phí phục vụ** (피 푹 부)
웨이터 : **nhân viên phục vụ / bồi bàn**
(년 비인 푹 부 / 보이 반)

❶ **Cho tôi giấy tính tiền.**
쪼 또이 져이 띤 띠인

❷ **Có tính luôn tiền phục vụ không?**
꼬오 딘 을룬 띠인 푹 부 콤

❸ **Ta hãy tự trả từng người.**
따 하아이 뜨 짜아 뜨응 응으이

❹ **Tôi sẽ trả.**
또이 쌔애 짜아

❺ **Trả trước phải không?**
짜아 쯔윽 파이 콤

❻ **Theo tôi thì hình như phiếu tính tiền sai.**
테오 또이 디이 힌 니으 피이유 틴 띠인 싸이

❼ **Dạ, tiền thối lại đây.**
쟈 띠인 토일 라이 더이

앗! 단어장!

웨이트레스 : **nữ nhân viên phục vụ**
(느으 년 비인 푹 부)

계산서 : **giấy tính tiền** (져이 틴 띠인)

❽ 주점의 이용!

❶ 무슨 술을 드시겠습니까?

❷ 베트남 명주는 무엇이 있습니까?

❸ 넵머이(베트남 찹쌀주 : 정종) 주세요.

❹ 순한 술도 있습니까?

❺ 이 지방의 특산 주를 먹겠습니다.

❻ 맥주 주세요.

❼ 실례지만, 어떤 맥주가 있죠?

❽ 한잔 더 주세요.

❾ 선물하기에 좋은 술은 무엇입니까?

6

❶ Anh dùng rượu gì?
안 줌 리유 지

❷ Rượu nổi tiếng của Việt Nam có rượu gi?
리우 노이 띠잉 꾸어 비엣 남 꼬 리유 지

❸ Cho rượu nếp mới đi.
쪼 리유 넵 머이 디

❹ Có rượu nhẹ không?
꼬오 리유 니예 콤

❺ Tôi sẽ uống rượu đặc sản của vùng này.
또이 쌔애 우옹 리유 닥 산 꾸어 붐 나이

❻ Cho tôi bia.
쪼 또이 비이

❼ Xin lỗi, có loại bia nào?
씬 을로이 꼬올롸이 비아 나오

❽ Thêm một ly nữa.
템 못 을리 느아

❾ Có rượu nào thì làm quà tốt?
꼬오 리유 나오 티이 람 과 또옷

식당	**Quán ăn / nhà hàng**	안/ 냐 항
식사	**Bữa ăn / ăn**	브아 안 / 안
주문	**đặt món ăn**	닷 몬 안
메뉴	**Menu / thực đơn**	메뉴 / 특 던
아침식사	**Điểm Tâm / Bữa ăn sáng**	디임 떰 / 브아 안 쌍
점심식사	**Bữa ăn trưa**	브아 안 쯔아
저녁식사	**Bữa ăn tối**	브아 안 또이
양식	**món ăn tây phương**	몬 안 떠이 프응
중식	**món ăn Trung Hoa**	몬 안 쭘 화
가정음식	**thức ăn dùng trong gia đình hàng ngày**	특 안 즘 쫌 자 딘 항 응아이
요리의 전채	**Món khai vị**	몬 카이 비
샐러드	**Xà lách**	쌀 랏
수프	**súp**	숩
밥	**cơm**	껌
빵	**bánh mì**	바안 미이
계산서	**giấy tính tiền**	져이 틴 띠인
서비스요금	**phí phục vụ**	피 푹 부
웨이터	**nhân viên phục vụ / bồi bàn**	년 비인 푹 부 / 보이 반

웨이트레스	**nữ nhân viên phục vụ**	
	느으 년 비인 푹 부	
나이프(칼)	**dao**	쟈오
포크	**nĩa**	니이아
국숟가락	**muỗng canh**	무웅 깐
냅킨	**khăn giấy / khăn ăn**	칸 져이 / 칸 안
이쑤시개	**tăm**	땀
재떨이	**Gạt tàn thuốc**	갓 딴 투욱
쇠고기	**thịt bò**	팃 보오
돼지고기	**thịt heo**	팃 해오
닭고기	**thịt gà**	팃 가아
생선	**cá**	까아
양고기	**thịt cừu**	팃 끄우
해물요리	**món hải sản**	몬 하아이 싸안
커피	**cà phê**	까 페
우유	**sữa**	스으아
홍차	**hồng trà**	홈짜
코카콜라	**Côca cola**	꼬까 꼴라
과일주스	**nước cốt trái cây**	느윽 꼿 짜이 꺼이
음료수	**nước giải khát**	느윽 쟈아이 카앗

✚ 베트남의 먹거리!

베트남에서는 어느 길거리에서나 먹거리가 풍성해서 적은 돈으로도 맛있는 음식을 맛볼 수 있는데 다음은 흔히 먹을 수 있는 길거리 음식들입니다.

바나나, 코코넛, 오렌지, 잭플루트, 망고, 왕귤, 두리안 등 각종 열대성과일과 온대성 과일이 디저트 가계의 진열장에 가득차 있으며 그냥 먹거나 주스, 또는 쉐이크로 만들어 먹습니다.

우리의 팥빙수와 비슷한 '째'는 각종 콩 녹두, 팥, 코코넛등과 얼음을 섞어서 먹는데 값도 싸고 양도 많아서 더위를 이기는데 가장 좋은 디저트입니다.

베트남인들이 즐겨 마시는 커피는 진한 커피원액 그대로의 핫커피인 '까페농'과 거기에 얼음을 넣은 '까페다', 또는 연유를 넣은 밀크커피인 '까페쓰어농'과 거기에 얼음을 넣은 아이스 밀크커피인 '까페쓰어다'가 있습니다.

저녁이 되면 노천 식당에서 시원하게 맥주를 마시고 있는 베트남인들을 흔히 볼 수가 있는데, 주로 베트남식 생맥주인 '비어허이'에 얼음을 띄워서 마시며 '대합'이나 '넴 쭈어', '홋 빗 롱'과 함께 먹습니다.

그밖에 바게트빵과 비슷한 것에 고기와 야채를 곁들여 먹는 '반 미 팃'과 '와플', '크레이프', '커스터드 푸딩'등도 길거리 음식의 대표적인 것입니다.

7. 쇼핑용 회화!

❶ 쇼핑 요령!

쇼핑은 미리 목록을 작성해서 하는 것이 좋습니다. 산지와 상점가의 위치도 미리 조사해 두도록 합니다. 구매물품에 대한 정보, 그러니까 실크제품은 어느 지역, 어느 점포에서 사는 것이 좋고 싸다든지, 어디서 사야 진품을 구할 수 있는 지를 정보자료를 통해 미리 조사하도록 합니다.

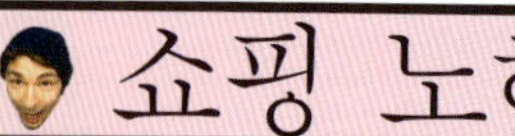

❷ 주요 쇼핑품목

과거 프랑스의 지배를 받았던 베트남은 동양문화와 서양문화가 잘 어울어진 곳으로서 전통 공예품에서부터 일용품에 이르기까지 그곳을 찾는 수많은 관광객에게 인기가 있습니다. 베트남 전통의상인 아오자이를 비롯해 화려한 자수와 구슬로 장식된 실크가방과 샌들, 전통 도자기와 그곳에 들어있는 향신료와 등나무 대나무 용품들, 그리고 수상 인형극의 귀엽고 앙증맞은 인형들을 이곳에서 살 수 있습니다. 주요 쇼핑가로는 호치민의 레탄똔 거리와 동코이 거리, 하노이의 항가이 거리와 대성당 주변으로서 고급스러운 부티크와 전통 수공예품 상점, 그리고 일용 잡화를 판매하는 상점들이 많이 있습니다.

✚ 베트남 전통의상, 아오자이

베트남의 전통의상인 아오자이는 겉옷인 '아오'와 긴 속옷인 '꾸언'(Quần)으로 이루어져 있습니다. 소재나 디자인이 다양하여 실크나 면, 폴리에스테르 등에 다양한 무늬로 장식된 옷감에 옷의 길이, 트임의 위치, 칼라 모양 등을 자신의 체형이나 기호에 맞추어 골라 입을 수 있습니다. 요즘은 학생들의 교복이나 단체의 제복외에는 평상복으로는 입지 않으며 우리의 한복과 마찬가지로 결혼식과 같은 격식있는 자리에서 예복으로 입습니다.

✚ 시장에서의 저렴한 쇼핑

벤탄 시장 : 호치민의 가장 큰 시장으로서 시장의 남쪽은 의류와 각종 잡화를 판매하는 상점이 있고 북쪽에는 신선한 식료품과 함께 식당들이 줄지어져 있습니다.
동수언 시장 : 하노이에서 가장 큰 시장으로 구시가지의 북쪽 동수언 거리에 있습니다. 2층 건물로 이루어져 있으며 1층에서는 식료품과 생활 잡화를 2층에서는 의류를 판매합니다.
항자 시장 : 하노이 구시가지의 북서쪽, 항자 거리에 있으며 식료품과 일용 잡화를 판매하는 1층과 주로 헌옷을 파는 2층으로 이루어져 있습니다.
시장에서의 쇼핑은 가격도 저렴하고 베트남인의 실생활을 엿볼 수 있어서 좋은 반면에 소매치기와 날치기도 많으므로 주의하여야 합니다.

✚ 기념품 구입시 주의할 점

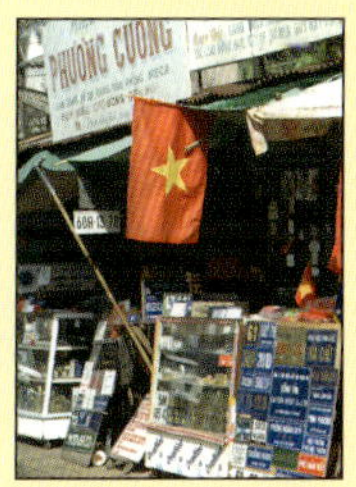

베트남에서 기념품을 구입할 때 오래된 골동품의 구입은 가능한한 안하는 것이 좋습니다. 그 이유는 베트남 출국시에 세관에서 몰수를 당할 수 있기 때문입니다. 세관원들은 골동품의 진위여부를 떠나서 오래된 물건에 대해서 더 엄격하게 관리를 하기때문에 구입시 상점주인이 괜찮다고 하더라도 문제가 되는 경우가 많으므로 주의하도록 합니다.

❶ 이 거리에는 어떤 상점이 있습니까?

❷ 그냥 구경만 해도 될까요?

❸ 이것과 같은 것이 있습니까?

❹ 저것 좀 보여 주세요.

❺ 이건 어디에 쓰는 것인가요?

❻ 이것은 남성용입니까?

❼ 좀 더 좋은 것은 없습니까?

❽ 옷을 입어 봐도 될까요?

❾ 좀 더 큰 것은 없습니까?

7

❶ Ở đường phố này có cửa hàng nào?
어어 드응 포오 나이 꼬오 끄아 항 나오

❷ Chỉ tham quan có được không?
찌이 타암 관 꼬오 드윽 콤

❸ Có cái nào giống cái này không?
꼬오까이 나오 죰 까이 나이 콤

❹ Làm ơn cho xem cái kia.
람 언 쪼 쌤 까이 끼아

❺ Cái này sử dụng cho việc gì?
까이 나이 스으 줌 쪼 비익 지

❻ Cái này dùng cho đàn ông hả?
까이 나이 줌 쪼 단 옴 하아

❼ Có cái nào tối hơn nữa không?
꼬오 까이 나오 또이 헌 느아 콤

❽ Tôi mặc thử áo có được không?
또이 막 트으 아오 꼬오 드윽 콤

❾ Có cái nào lớn hơn không?
꼬오까이 나오 을런 헌 콤

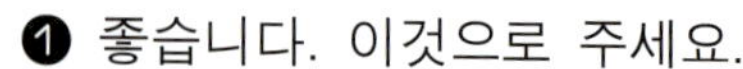

❶ 좋습니다. 이것으로 주세요.

❷ 전부 합해서 얼마입니까?

❸ 너무 비쌉니다.

❹ 보다 싼 것은 없습니까?

❺ 조금만 더 싸게 해 주시겠어요?

❻ 여기는 정찰제입니다.

❼ 현금으로 지불할게요.

❽ 이거 더 작은 것 있습니까?

7

❶ Được. Cho tôi cái này.
드윽 쪼 또이 까이 나이

❷ Tổng cộng hết là bao nhiêu tiền?
또옴 꼼 헷 을라 바오 니유 띠인

❸ Mắc quá!
막 꽈

❹ Có cái nào rẻ hơn không?
꼬오까이 나오 래애 헌 콤

❺ Hãy tính rẻ hơn một chút được không?
하아이 띤 래애 헌 못 쭉 드윽 콤.

❻ Ở đây tính theo giá ấn định.
어어 더이 띤 테오 자아 언 딘

❼ Tôi sẽ trả bằng tiền mặt.
또이 쌔애 짜아 방 띠인 맛

❽ Kiểu này có cái nhỏ hơn không?
끼유 나이 꼬오 까이 뇨 헌 콤

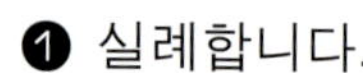

❶ 실례합니다.

❷ 화장품은 어디에 있습니까?

❸ 장갑은 어디에서 삽니까?

❹ 이 두 개의 차이점이 뭔가요?

❺ 이것 두 개의 가격은 얼마입니까?

❻ 이것은 40원이고, 저것은 30원입니다.

❼ 이 제품 흰색으로 있습니까?

❽ 탈의실은 어디입니까?

❾ 다른 것을 보여주실 수 있습니까?

❶ Xin lỗi.
씬 을로이

❷ Ở đâu có bán mỹ phẩm?
어어 더우 꼬오 반 미이 퍼엄

❸ Mua găng tay ở đâu?
무아 강 따이 어어 더우

❹ Hai cái này có điểm khác gì?
하이 까이 나이 꼬 디임 칵 지

❺ Giá của hai cái này là bao nhiêu?
쟈 구어 하이 까이 나일 라 바오 니유

❻ Cái này là Bốn mươi (40) Won, còn kia là Ba mươi (30) Won.
까이 나일 라 본 므으이 원 꼬온 끼알 라 바 므으이 (30) 원

❼ Sản phẩm này có màu trắng không?
싸안 퍼엄 나이 꼬오 마우 짱 콤

❽ Phòng thay quần áo ở đâu?
포옴 타이 구언 아오 어어 더우

❾ Có thể cho xem cái khác được không?
꼬오 테에 쪼 쌤 까이 칵 드윽 콤

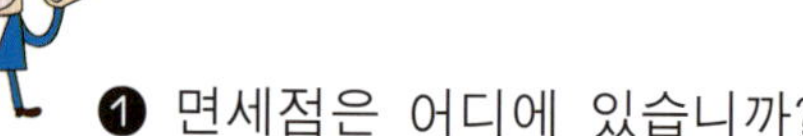

❶ 면세점은 어디에 있습니까?

❷ 브랜디를 사고 싶습니다.

❸ 담배 한 보루 주세요.

❹ 여권을 보여 주십시오.

❺ 어떤 상표를 원하십니까?

❻ 이것으로 주세요.

❼ 이것과 저것을 하나씩 주십시오.

❽ 이거 더 작은 것 있습니까?

❾ 다른 색상은 없나요?

7

❶ **Cửa hàng miễn thuế ở đâu?**
끄아 항 미인 투에 어어 더우

❷ **Tôi muốn mua rượu Brandy.**
또이 무운 무아 리유 브랜디

❸ **Cho tôi một cây thuốc lá.**
쪼 또이 못 꺼이 투욱 을라

❹ **Cho tôi xem Passport (hộ chiếu).**
쪼 또이 쌤 빼쓰뽀 (호 찌이유)

❺ **Ông muốn hiệu nào?**
옴 무운 히유 나오

❻ **Cho tôi cái này.**
쪼 또이 까이 나이

❼ **Cho tôi cái này, cái kia mỗi thứ một cái.**
쪼 또이 까이 나이 까이끼아 모이 트 못 까이

❽ **Kiểu này có cái nhỏ hơn không?**
끼유 나이 꼬오 까이 뇨 헌 콤

❾ **Có màu khác không?**
꼬오 마우 각 콤

❶ 기념품점은 어디에 있습니까?

❷ 무엇을 찾으십니까?

❸ 부모님께 드릴 선물을 원합니다.

❹ 이 도시의 특산품은 무엇입니까?

❺ 진열대에 있는 것을 보여 주세요.

❻ 포장을 해주십니까?

❼ 한국으로 부쳐주실 수 있습니까?

❽ 영업시간은 몇 시부터 몇 시까지입니까?

7

❶ Tiệm bán hàng lưu niệm ở đâu?
띠엄 반 항 을루 니엄 어어 더우

❷ Anh kiếm gì?
안 끼엄 지

❸ Tôi muốn tìm mua quà cho bố mẹ.
또오 무운 띰 무아 과아 쪼 보오 메

❹ Đặc sản của thành phố này là gì?
닥 싸안 꾸어 탄 포오 나일 라 지

❺ Cho tôi xem hàng đang trưng bày trên kệ.
쪼 또이 쌤 항 당 쯩 바이 쩬 께

❻ Có gói hàng giùm cho không?
꼬오 고이 항 쥼 쪼 콤

❼ Anh (Chị) có thể gửi giùm về Hàn Quốc được không?
안 (찌) 꼬오 테에 그으이 쥼 베 하안 꿕 드윽 콤

❽ Giờ làm việc từ mấy giờ đến mấy giờ?
져 람 비익 뜨으 머이 져 덴 머이 져

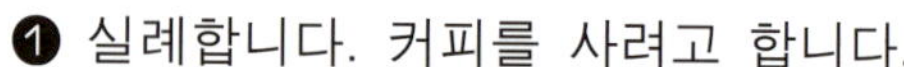

❶ 실례합니다. 커피를 사려고 합니다.

❷ 어디에 있는지 말씀해 주십시오.

❸ 우유는 어디에 있습니까?

❹ 그 물건은 품절입니다.

❺ (쇼핑)백에 넣어주십시오.

❻ 종이 백을 드릴까요, 비닐 백을 드릴까요?

❼ 배달도 가능합니까?

❽ 무엇을 찾으십니까?

❶ **Xin lỗi, tôi muốn mua cà phê.**
씬 을로이 또이 무운 무아 까 페

❷ **Làm ơn chỉ giùm có chỗ nào?**
람 언 찌이 쥼 꼬오 쪼오 나오

❸ **Sữa ở đâu?**
스아 어어 더우

❹ **Hàng đó hết rồi.**
항 도 헷 로이

❺ **Làm ơn cho vào túi mua sắm giùm.**
람 언 쪼 바오 쭈이 무아 쌈 쥼

❻ **Cho vào túi giấy hay túi nhựa?**
쪼 바오 뚜이 셔이 하이 뚜이 니스이

❼ **Có thể giao hàng được không?**
꼬오 테에 쟈오 항 드윽 콤

❽ **Anh kiếm gì?**
안 끼임 지

➡ 쇼핑 관련 단어표현

영업중	**Mở cửa / Đang bán hàng**
	머어 끄아 / 당 반 항
폐점	**Đóng cửa / Nghỉ bán hàng**
	도옴 끄아 / 응이이 반 항
백화점	**Trung tâm mua sắm bách hóa**
	쭘 떰 무아 쌈 밧 화아 (박 화아)
세일	**Bán giảm giá**　반 쟈암 쟈아
가격표	**Bảng giá**　바앙 쟈아
견본	**Hàng trưng bày / hàng mẫu**
	항 쯩 바이 / 항 머우
교환	**Hoán đổi**　환 도오이
설명서	**tờ hướng dẫn**　떠어 흐응 져언
선물	**Quà**　과아
포장하다	**Gói hàng**　고이 항
여행자수표	**Séc du lịch**　섹 (첵) 쥬울릿
기념품점	**Cửa hàng bán hàng lưu niệm**
	끄아 항 반 항 을루 니엠

8. 우편, 전화, 은행!

❶ 우체국!

베트남의 우제국에서는 일반적인 우편 업무외 함께 전화를 걸거나 팩스를 보내는 등의 전화국 업무도 같이하며, 대도시의 우체국은 업무 시간도 길고 연중 무휴이므로 이용이 편리합니다. 국내 우편은 우체국이나 시내의 매점, 서점 등지에서 판매하는 우표를 사서 우체국에서 붙이거나 시내에서 볼 수 있는 노란 우체통에 넣으면 됩니다. 국제 우편은 우체국의 국제 우편 창구에서 무게를 재고 요금을 지불하면 되는데 한국까지는 항공편으로 7~10일 걸리며 시간이 없는 경우에는 'EMS' 를 이용하면 3~5일 정도 소요됩니다. 국제 소포의 경우는 우편 세관에서 내용물 검사를 받은 후, 신청 용지를 기입하고 요금을 지불하면 되는데 항공편으로는 2주일, 배편으로는 2개월 정도 걸립니다.

편지나 소포를 보낼 때 주의할 점은 받는 사람의 주소는 한글로 써도 되지만 국가명만은 우측 제일 하단에 **SOUTH KOREA**라고 써주어야 합니다.

❷ 국제전화!

우체국, 비즈니스 센터, 중급 이상의 호텔, 국제 전화 표시가 있는 공중전화 등에서 국제 전화를 걸 수 있고, 전화 카드는 우체국이나 'Phonecard' 라고 써있는 상점에서 구입하며 국제 전화 카드의 종류로는 10만 동, 15만 동의 두 종류가 있습니다. 우체국에서 국제 전화를 걸 경우에는 창구에서 신청 용지를 기입한 후 지정해 준 전화 부스에 들어가서 하면 되고, 호텔에서의 경우는 직접 걸거나 또는 교환원을 통해 걸면 되는데 호텔에 따라서는 전화 연결이 안됐을 때에도 요금이 청구되는 경우가 있으므로 주의하여야 합니다.

ⓐ 공중전화로 통화하는 방법 :

공중전화로 국제전화를 걸 경우는 카드를 먼저 넣은 후 (서울 929-2882로 전화를 건다고 할 때) **00-82-2-929-2882**를 누르면 됩니다. 이 때 00은 국제식별코드(**international access code**)이며, 82는 한국의 코드번호(**country code**), 2는 서울의 지역번호, 그리고 전화번호 929-2882가 됩니다. 외국에서 한국으로 전화할 때는 지역번호 앞의 0은 빼고 전화합니다.

ⓑ 통신사별 국제전화카드를 사용해서 전화하는 방법 :

다음의 통신사별 교환, 카드접속번호를 누른 후 안내방송에 따라서 전화를 걸면 됩니다.

한국통신　080-0080-0082
데이콤　　0800-080-0820
온세통신　0800-33-70700

✚ 국제전화 후불카드

여행을 떠나기 전에 각 통신사에서 제공하는 국제전화 후불카드를 만들면 현지에서 현금없이도 한국으로 전화를 걸 수 있습니다. 국제전화 후불카드란 본인이 지정하는 전화번호로 카드를 발급받아서 외국에서 사용한 후에 요금은 지정한 전화번호 청구서로 부과되는 제도로서 요금이 저렴하고 한국어 안내방송에 따라서 걸면 되므로 편리하다는 장점이 있습니다. 통신사별 국제전화후불카드 신청번호는 다음과 같습니다.

한국통신　080-2580-161
데이콤　　082-100
온세통신　083-100

❸ 은행의 이용!

여행객은 주로 환전이나 송금을 받기 위해 은행을 이용하게 되는데, 국영 상업은행인 베트콤 은행의 지점이 도시마다 있어서 편리하게 환전할 수 있습니다. 환율은 은행에 따라, 같은 은행일지라도 도시에 따라, 또 바꾸는 액수에 따라 달라지며 숙박비나 투어 요금등은 달러로 식비나 교통비, 쇼핑 비용 등은 동으로 환전해서 사용하는 것이 편리합니다. 환전시 주의할 점으로는 환전 즉시 환율과 비교해서 금액을 확인해야 하며 상점 등에서 지폐를 냈을 때 잔돈이 없다며 거슬러 주지 않는 경우도 있으므로 1,2만동의 소액권도 넉넉히 바꿔두도록 합니다.

❶ 우편물 보내기!

❶ 우체국은 어디 있습니까?

❷ 우체통은 어디 있습니까?

❸ 편지를 한국에 항공편으로 보내려 합니다.

❹ 이 엽서를 한국으로 보내고 싶습니다.

❺ 항공편으로 부치면 얼마나 걸립니까?

❻ 얼마짜리 우표를 붙입니까?

❼ 우편요금은 얼마입니까?

❽ 이 편지를 등기로 보내고 싶습니다.

❾ 이것을 속달로 보내주세요.

❶ **Bưu điện ở đâu?**
브우 디인 어어 더우

❷ **Thùng thư ở đâu?**
투움 트으 어어 더우

❸ **Tôi định gửi thư về Hàn Quốc bằng đường hàng không.**
또이 딘 그으이 트 베 하안 꿕 방 드응 항 콤

❹ **Tôi muốn gửi bưu ảnh này về Hàn Quốc.**
또이 무운 그으이 브우 아안 나이 베 하안 꿕

❺ **Gửi bằng đường hàng không thì mất bao lâu?**
그으이 방 드응 항 콤 티이 멋 바올 러우

❻ **Phải dán tem bao nhiêu tiền?**
파아이 쟌 땜 바오 니유 띠인

❼ **Phí bưu điện là bao nhiêu?**
피이 브우 디인 을라 바오 니유

❽ **Tôi muốn gửi bảo đảm thư này.**
또이 무운 그으이 바오 다암 트 나이

❾ **Làm gửi phát chuyển nhanh giùm tôi.**
람 그으이 팟 쭈엔 냔 쥼 또이

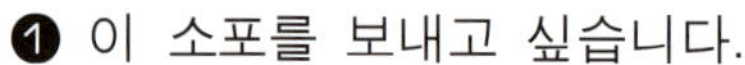

② 소포 보내기!

① 이 소포를 보내고 싶습니다.

② 소포용 상자가 있습니까?

③ 소포용으로 포장해 주세요.

④ 이 소포를 선편으로 부치려 합니다.

⑤ 소포 12개를 서울로 보내고 싶습니다.

⑥ 소포를 보험에 드시겠습니까?

⑦ 소포에 '취급주의' 라고 표시해 주십시오.

등기우편 : **Bưu thư bảo đảm**
(브우 트 바오 다암)
속달 : **phát chuyển nhanh** (팟 쮜엔 냔)

❶ **Tôi muốn gửi bưu kiện này.**
또이 무운 그으이 브우 끼인 나이

❷ **Có giỏ dùng cho bưu kiện không?**
꼬오 죠오 줌 쪼 브우 끼인 콤

❸ **Hãy gói giùm bưu kiện cho tôi.**
하아이 고이 줌 브우 끼인 쪼 또이

❹ **Tôi định gửi bưu kiện này theo đường tàu thủy.**
또이 딘 그으이 브우 끼인 나이 테오 드응 따우 투우이

❺ **Tôi muốn gửi đi Seoul 12 gói bưu kiện.**
또이 무운 그으이 디 서울 므으이하이 고이 브우 끼인

❻ **Có muốn mua bảo hiểm cho bưu kiện không?**
꼬오 무운 무아 비오 히임 쪼 브우 끼인 콤

❼ **Hãy viết giùm dòng chữ 'Chú ý khi vận chuyển'.**
하아이 비잇 줌 동 쯔으 쭈 이 키 번 쭈엔

우표 : **Tem** (땜)
소포 : **Bưu kiện** (브우 끼인)
우편엽서 : **Bưu thiếp** (브우 티입)

앗! 단어장!

❶ 공중전화는 어디에 있습니까?

❷ 이 전화로 국제전화를 걸 수 있습니까?

❸ 이 전화를 어떻게 겁니까?

❹ 한국의 국가번호를 가르쳐주시겠습니까?

❺ 이 번호로 어떻게 전화합니까?

❻ 도서관 전화는 몇 번입니까?

❼ 거기 541-9978번이 아닌가요?

휴대전화 : **điện thoại di động**
(디인 트와이 지 돔)
긴급전화 : **điện thoại khẩn cấp**
(디인 트와이 커언 껍)

8. 우편, 전화, 은행!

8

❶ Điện thoại công cộng ở đâu?
디인 톼아이 꼼 꼼 어어 더우

❷ Điện thoại này có thể gọi quốc tế được không?
디인 톼아이 나이 꼬오 테에 고이 꿕 떼 드윽 콤

❸ Điện thoại này gọi như thế nào?
디인 톼아이 나이 고이 니으 테에 나오

❹ Làm ơn cho tôi biết mã số Hàn Quốc.
람 언 쪼 또이 비엣 마아 쏘오 하안 꿕

❺ Gọi số này như thế nào?
고이 쏘오 나이 니으 테에 나오

❻ Điện thoại của thư viện số mấy?
니인 드와이 꾸어 트 비인 쏘오 머이

❼ Có phải đó là số 541- 9978 không?
꼬오 파아이 도올 라 쏘오 남 본 못 찐 찐 버어이 땀 콤

시내통화 : **cuộc gọi nội thành**
(꾸옥 고이 노이 탄)

장거리통화 : **cuộc gọi đường dài**
(꾸옥 고이 드응 쟈이)

앗! 단어장!

④ 전화대화 표현!

❶ 여보세요. 거기가 123-4567입니까?

❷ 전화거신 분은 누구십니까?

❸ 저는 김명철이라고 합니다.

❹ 내선 351번 부탁합니다.

❺ 김민주 씨 좀 바꿔 주시겠어요?

❻ 미안합니다. 잘못 걸었습니다.

❼ 그는 지금 외출중입니다.

❽ 언제쯤 돌아옵니까?

❾ 나중에 다시 전화 하겠습니다.

8

❶ Alô. Đó có phải là 123 - 4567 không?
알로 도오 꼬오 파일 라 못하이바 본남싸우버어이 콤

❷ Xin lỗi, ai gọi điện thoại đấy?
씬 을로이 아이 고이 디인 트와이 더이

❸ Tôi là Kim Myong Chol.
또일 라 김 명 철

❹ Làm ơn cho xin số nội bộ 351.
람 언 쪼 씬 쏘오 노이 보 바 남 못

❺ Làm ơn cho tôi gặp Kim Min Ju.
람 언 쪼 또이 갑 김 민 주

❻ Xin lỗi, anh nhầm số rồi.
씬 을로이 안 념 쏘오 로이

❼ Anh ấy đang đi ra ngoài.
안 어이 당 디 라 응와이

❽ Khi nào thì anh ấy trở về?
키 나오 티이 안 어이 쩌어 베

❾ Tôi sẽ gọi lại sau.
또이 쌔애 고일 라이 사우

❶ 교환입니다. 무엇을 도와드릴까요?

❷ 한국의 서울로 국제통화를 하고 싶습니다.

❸ 잠깐만 기다리세요.

❹ 지금 국제전화 교환원을 연결해 드리겠습니다.

❺ 한국의 서울로 직접 전화할 수 있습니까?

❻ 한국으로 국제전화를 걸고 싶습니다.

❼ 수신자부담으로 해주세요.

❽ 요금은 여기서 지불하겠습니다.

❾ 번호를 알려주시겠습니까?

❶ Đây là tổng đài. Tôi nghe đây.
떠일 라 또옴 다이 또이 응에 더이

❷ Tôi muốn gọi điện thoại quốc tế đi Seoul Hàn Quốc.
또이 무운 고이 디인 트와이 꿕 떼 디 서울 하안 꿕

❸ Xin chờ cho một chút.
씬 쩌어 쪼 못 쭈웃

❹ Bây giờ, tôi nối với tổng đài viên điện thoại quốc tế.
버이 져 또이 노이 버이 또옴 다이 비인 디인 트와이 꿕 떼

❺ Có thể gọi trực tiếp với Seoul Hàn Quốc được không?
꼬오 테에 고이 ? 띠입 버이 서울 하안 꿕 드윽 콤

❻ Tôi muốn gọi điện thoại quốc tế đi Hàn Quốc.
또이 무운 고이 디인 트와이 꿕 떼 디 하안 꿕

❼ Gọi cước người nhận trả giùm cho tôi.
고이 끄윽 응으이 년 짜아 쥼 쪼 또이

❽ Tiền điện thoại xin trả tại đây.
띠인 디인 트와이 씬 짜아 따이 떠이

❾ Có thể cho tôi biết số điện thoại được không?
꼬오 테에 쪼 또이 비잇 쏘오 디인 트와이 드윽 콤

❻ 호텔에서의 전화!

❶ 여보세요. 교환이죠?

❷ 한국으로 장거리전화 (국제전화)를 부탁합니다.

❸ 콜렉트콜로 서울의 이은숙 양을 부탁합니다.
(콜렉트콜서비스는 베트남에서 거의 하지 않습니다. 심지어는 우체국에서도 외국인은 콜렉트콜서비스를 받지 않습니다. 내국인에게만 적용됩니다.)

❹ 전화번호는 서울의 919-2828번 입니다.

❺ 선생님의 성함과 룸넘버를 말씀해 주세요.

❻ 저의 이름은 김민수이며, 303호실입니다.

❼ 끊지말고 잠시 기다려 주세요.

❽ 상대방이 나왔습니다. 말씀하세요.

❶ Alô. Tổng đài, phải không?
알로 또옴 다이 파이 콤

❷ Cho xin điện thoại đường dài (quốc tế) đi Hàn Quốc.
쪼 씬 디인 트와이 드응 쟈이 (구억 떼에) 디 하안 쿡

❸ Xin gọi giúp cho cô Ly Eun Suk ở Seoul phương thức Callect-call.
씬 고이 줍 쪼 꼬 이 은 숙 어어 서울 프응 특 콜렉트-콜

❹ Số điện thoại ở Seoul là 919 - 2828.
쏘오 디인 트와이 어어 서울 라 찐못찐 하이땀하이땀

❺ Xin cho biết số điện thoại và số phòng của ông.
씬 쪼 비엣 쏘오 디인 트와이 바 쏘오 포옴 꾸어 옴

❻ Tên tôi là Kim Min Su và số phòng của tôi là 303.
뗀 또일 라 김 민 수 바아 쏘오 포옴 꾸어 또일 라 바 콤 바

❼ Đừng ngắt đường dây, hãy chờ một lát.
등 응앗 드응 져이 하아이 쩌어 못 랏

❽ Bên kia đã lên tiếng rồi. Xin hãy nói đi.
벤 끼아 다알 렌 띠잉 로이 씬 하아이 노이 디

➡ 우편 관련 단어표현

우체국	**Bưu điện**	브우 디인
우편엽서	**Bưu thiếp**	브우 티입
편지지	**giấy viết thư**	져이 비잇 트
봉투	**phong thư / bì thư**	포옴 비/ 비 트
발신인	**người gửi**	응으이 그으이
수신인	**người nhận**	응으이 년
주소	**địa chỉ**	디아 찌이
우체통	**thùng thư**	투움 트
항공봉함 편지	**thư niêm phong hàng không**	트 니임 포옴 항 콤
등기우편	**Bưu thư bảo đảm**	브우 트 바오 다암
속달	**phát chuyển nhanh**	팟 쮜엔 냔
우표	**Tem**	땜
선편	**Đường tàu biển**	드응 따우 비인
항공우편	**Bưu thư hàng không**	브우 트 항 콤
소포	**Bưu kiện**	브우 끼인
취급주의	**Chú ý di chuyển**	쭈 이 지 쮜엔

▶ 전화 관련 단어표현

공중전화	**Điện thoại công cộng**	디인 트와이 꼼 꼼
전화박스	**Quầy điện thoại**	과이 디인 트와이
수화기	**Ống nghe**	오옴 응에
전화번호	**Số điện thoại**	쏘오 디인 트와이
다이얼판	**Vòng quay số**	봄 과이 쏘오
구내전화선	**đường dây nội bộ**	드응 져어 노이 보오
휴대전화	**điện thoại di động**	디인 트와이 지 돔
긴급전화	**điện thoại khẩn cấp**	디인 트와이 커언 껍
시내통화	**cuộc gọi nội thành**	꾸옥 고이 노이 탄
장거리통화	**cuộc gọi đường dài**	꾸옥 고이 드응 쟈이
국제선화	**điện thoại quốc tế**	디인 트와이 꿕 떼에
교환원	**nhân viên tổng đài**	년 비인 또옴 다이
국가번호	**Mã số quốc gia**	마아 쏘오 꿕 지아
지역번호	**Mã số khu vực**	마아 쏘오 쿠 븍
콜렉트콜	**Gọi cước người nhận trả**	고이 끄윽 응으이 년 짜아
지명통화	**Điện thoại chỉ danh**	디인 트와이 찌이 쟌

❶ 여행자수표를 현금으로 바꾸고 싶습니다.

❷ 얼마나 현금으로 바꾸시겠습니까?

❸ 여권 좀 보여주시겠습니까?

❹ 네, 여기 여행자 수표도 있습니다.

❺ 수표마다 서명해주시겠어요?

❻ 얼마짜리 지폐로 드릴까요?

❼ 100불 짜리 다섯 장으로 주세요.

환전소 : **Quầy đổi tiền** (과이 도오이 띠인)

환전율 : **Tỷ giá ngoại tệ** (띠이 쟈 응와이 뜨)

잔돈 : **Tiền lẻ** (띠인 을래)

앗! 단어장!

❶ **Tôi muốn đổi séc du lịch sang tiền mặt.**
또이 무운 도이 쌕 쥬울 릿 상 띠인 맛

❷ **Muốn đổi sang tiền mặt bao nhiêu?**
무운 도이 쌍 띠인 맛 바오 니유

❸ **Có thể cho tôi xem hộ chiếu được không?**
꼬오 테에 쪼 또이 쌤 호 찌이유 드윽 콤

❹ **Vâng, séc du lịch nữa đây.**
벙 쌕 쥬울 릿 느아 더이

❺ **Xin hãy ký tên trên mỗi tờ séc.**
씬 하아이 끼 텐 짼 모오이 떠 쌕

❻ **Muốn nhận tiền giấy loại bao nhiêu?**
무운 년 띠인 저이 을롸이 바오 니유

❼ **Cho tôi 5 tờ loại 100 đôla.**
쪼 또이 남 떠 을롸이 못짬 돌라

지폐 : **Tiền giấy** (띠인 져이)
동전 : **Tiền cắc** (띠인 깍)
여행자수표 : **Séc du lịch** (쌕 쥬울릿)

앗! 단어장!

❶ 잔돈 좀 섞어 주세요.

❷ 달러를 베트남 동으로 좀 바꾸려고 합니다.

❸ 얼마 바꾸시길 원하세요?

❹ 500불입니다.

❺ 잔돈으로 바꿀 수 있을까요?

❻ 어떻게 바꿔드릴까요?

❼ 100불 짜리 9장, 10불짜리 10개로 주십시오.

❽ 모두 동전으로 바꾸어 주세요.

❾ 500원을 달러로 교환해 주세요.

8. 우편, 전화, 은행!

❶ Làm ơn cho tôi tiền lẻ nữa.
람 언 쪼 또이 띠인 을레 느아

❷ Tôi định đổi tiền đôla sang Việt Nam Đồng.
또이 딘 도이 띠인 돌라 상 비엣 남 돔

❸ Muốn đổi bao nhiêu?
무운 도이 바오 니유

❹ Năm trăm đô la.
남 짬 돌 라

❺ Có thể sang tiền lẻ chứ?
꼬오 테에 쌍 티인 을래 쯔

❻ Đổi như thế nào cho ông đây?
도오이 니으 테에 나오 쪼 옴 더이

❼ Loại 100 đôla 9 tờ, loại 10 đôla 10 đồng.
을롸이 못짬 돌라 찐 떠 을롸이 므으이 돌라 므으이 동

❽ Hãy đổi giùm tất cả ra tiền xu (tiền cắc).
하아이 도오이 쥼 떳 까아 라 띠인 수 (띠인 깍)

❾ Đổi giùm 500 Won ra đô la.
도이 쥼 남 짬 원 라 돌라

➡️ 은행 관련 단어표현

환전소	**Quầy đổi tiền**	과이 도오이 띠인
환전율	**Tỷ giá ngoại tệ**	띠이 쟈 응와이 뜨
잔돈	**Tiền lẻ**	띠인 을래
지폐	**Tiền giấy**	띠인 져이
동전	**Tiền cắc**	띠인 깍
여행자수표	**Séc du lịch**	쎅 쥬울릿
서명	**Ký tên**	끼 텐
바꾸다	**đổi**	도오이
달러	**Đôla**	돌라
유로	**Đồng Euro**	돔 유로
파운드	**Đồng puond**	돔 빠운드

9. 교통수단!

베트남은 도로 포장율이 약 10% 정도이며 포장된 도로라 할지라도 도로폭이 좁고 상태가 좋지 않아서 교통수단으로서의 자동차의 역활이 크지 않습니다. 따라서 주요 도심지에서는 자전거와 오토바이가 그 역활을 대신하고 있는데 그것이 바로 시클로와 세옴입니다.

 **❶ 항공기의 이용!**

국내선의 경우 호치민과 하노이, 다낭등의 주요 도시를 연결합니다. 항공권은 현지인의 약 2배 정도로 외국인 요금이 설정되어 있으며 베트남 항공 또는 퍼시픽 항공 사무실이나 현지 여행사에서 구입할 수 있는데 여행사보다는 항공사에서 구입하는 편이 저렴합니다.

❷ 철도의 이용!

하노이를 기점으로 한 4개 노선이 있으며 가장 많이 이용되는 노선은 하노이에서 호치민까지의 통일철도입니다. 이 노선은 매일 1~3편까지 운행되고 있으며 가장 빠른 것은 38시간, 느린 것은 46시간 걸립니다. 티켓은 각 기차역의 창구에서 예약과 구입을 할 수 있으며 요금은 현지인의 약 2배 정도입니다. 기차 여행시 역 구내와 기차 안에서 물건을 도난당하는 경우가 많으므로 주의하여야합니다.

❸ 버스의 이용!

시내 버스 : 하노이, 호치민, 다낭과 같은 대도시에서 운행됩니다. 버스 정류장에서 승차 후 요금은 차장이나 운전사에게 지불하며 내릴 곳이 가까와지면 차장이나 운전사에게 말해서 하차합니다.

미니 버스 : 짧은 노선을 운행하는 버스로 마이크로 버스와 왜건 차량을 이용합니다. 손님이 모여야 출발하므로 기다려야 하는 불편함이 있고 운전사 마음대로 요금을 부르므로 타기 전에 반드시 요금 흥정을 해야합니다.

근교 버스 : 100km이내의 근교를 운행하는 버스로서 주로 차장이나 운전사에게 요금을 지불합니다.

장거리 버스 : 주요 도시를 연결하는 노선으로 버스터미널 안의 매표소에서 차표를 구입합니다. 작은 도시의 경우에는 영어가 통하지 않으므로 종이에 행선지와 날짜를 적어서 보여준 후 표를 구입합니다.

❹ 택시의 이용!

호치민이나 하노이에는 택시가 많이 있는데 우리나라처럼 손을 들어 세우거나 호텔 등으로 부를 수도 있습니다. 베트남 사람들 대부분이 지도를 볼 줄 모르므로 가고자 하는 곳의 사진이나, 주소를 적은 종이를 보여주도록 합니다. 요금은 미터제인데 회사마다 미터 요금이 다릅니다. 호치민의 경우에는 기본 요금이 5,000~12,000동 사이이고 하노이는 13,000~15,000동 사이입니다.

✚ 베트남의 명물, 시클로

자전거 앞에 인력거를 붙여 놓은 모양인 시클로는 베트남의 명물로 많은 관광객들이 이용합니다. 호텔이나 시장 등 사람이 많이 모이는 곳에는 어디에나 시클로가 있는데 요금은 보통 시간당 1달러 정도입니다. 외국인의 경우 바가지 요금을 많이 씌우므로 타기 전에 현지인에게 평균 요금을 물어본 후 가격 흥정을 반드시 하도록 합니다. 요즘에는 지리를 잘 모르는 외국인을 상대로 으슥한 곳으로 데려가 물건과 돈을 뺏는 경우도 있다고 하니 이용에 주의를 하시기 바랍니다.

✚ 오토바이 택시, 세옴

오토바이 천국인 베트남의 주요 교통 수단인 세옴은 택시처럼 오토바이 뒷좌석에 손님을 태우고 목적지까지 데려다 주는 것입니다. 외국인 요금이 따로 설정되어 있으나 택시나 시클로에 비해 요금이 저렴하며 타기 전에 요금 흥정을 하도록 합니다. 세옴은 빨리 이동이 가능하고 가격도 저렴하지만 안전사고의 위험이 있으므로 주의하여야 합니다.

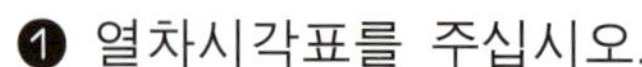

① 열차시각표를 주십시오.

② 좌석을 예약해야 합니까?

③ 급행이 있습니까?

④ 기차를 갈아타야 합니까?

⑤ 왕복표로 주십시오.

⑥ 사이공 행 기차는 어디서 탑니까?
(베트남에서는 플랫폼이라는 표현을 사용하지 않습니다.)

⑦ 이 기차가 다낭행입니까?

⑧ 어느 열차를 타야합니까?

❶ Cho tôi bảng giờ vận hành xe lửa.
쪼 또이 바앙 저 번 한 쌔 을르아

❷ Phải đăng ký chỗ ngồi trước không?
파이 당 끼 쪼오 응오이 쯔윽 콤

❸ Có xe tốc hành không?
꼬오 쌔 똑 한 코옴

❹ Phải đổi xe lửa không?
파이 도오이 쌜 르아 콤

❺ Cho tôi vé khứ hồi.
쪼 또이 베 크 호이

❻ Lên xe lửa đi Sài Gòn ở đâu?
을렌 쌜 드아 디 싸이 곤 어어 더우

❼ Xe lửa này đi Đà Nẵng, phải không?
쌜 르아 나이 디 다 나앙 파아이 콤

❽ Phải lên xe lửa nào?
파아일 렌 쎌 르아 나오

❾ 몇 번 플랫폼입니까?

❿ 어디에서 갈아탑니까?

⓫ 침대칸이 있습니까?

⓬ 기차에서 식사할 수 있습니까?

⓭ 이 열차는 사이공까지 직행합니까?

⓮ 이 열차는 하노이에서 정차합니까?

⓯ 여기서 몇 분간 정차합니까?

⓰ 다음 열차는 몇 시에 있습니까?

❾ Chỗ chờ đợi là đâu?
쪼오 쩌어 더일 라 더우

❿ Phải chuyển tàu ở đâu?
파아이 쭈에엔 따우 어어 더우

⓫ Có toa giường nằm không?
꼬오 똬 즈응 남 콤

⓬ Có thể ăn cơm trên xe lửa được không?
꼬오 테에 안 껌 쨴 셀 르아 드윽 콤

⓭ Xe lửa này đi thẳng đến Sài Gòn, phải không?
쎌 르아 나이 디 타앙 덴 싸이 곤 파아이 콤

⓮ Xe lửa này có dừng ở Hà Nội không?
쎌 르아 나이 꼬오 증 어어 하 노이 콤

⓯ Dừng xe ở đây mấy phút?
증 쌔 어어 더이 머이 풋

⓰ Chuyến xe lửa kế tiếp là mấy giờ?
쭈엔 쎌 르아 께 띠입 을라 머이 져

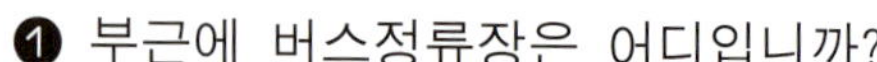

❶ 부근에 버스정류장은 어디입니까?

❷ 기차역 가는 버스 정류장은 어디입니까?

❸ 공원 가는 버스입니까?

❹ 버스 노선표 한 장 주세요.

❺ 버스 안에서 차표를 살 수 있습니까?
(베트남에서는 주로 차안에서 직접 차표를 팝니다.)

❻ 호치민대학교까지 표 두 장 주세요.

❼ 동물원가는 버스는 언제 출발합니까?

❽ 이 버스 도서관에 갑니까?

9

❶ Trạm dừng xe gần đây là ở đâu?
짬 증 쌔 건 더일 라 어어 더우

❷ Trạm xe buýt đi ga xe lửa ở đâu?
짬 쌔 빗 디 가 쌜 르아 어어 더우

❸ Có phải là xe buýt đi công viên không?
꼬오 파일 라 쌔 빗 디 꼼 비인 콤

❹ Cho tôi một bản đồ tuyến xe buýt.
쪼 또이 못 바안 도 뚜인 쌔 빗

❺ Có thể mua vé xe trong xe buýt được không?
꼬오 테에 무아 배 쌔 쫌 쌔 빗 드윽 콤

❻ Cho tôi hai vé đi trường đại học thành phố Hồ Chí Minh.
쪼 또이 하이 배 디 쯔응 다이 혹 탄 포 호 치 민

❼ Xe buýt đi sở thú khi nào khởi hành?
쌔 빗 디 써어 투우 키 나오 커이 항

❽ Xe buýt này có đến thư viện không?
쌔 빗 나이 꼬오 댄 트 비인 콤

❾ 다음 버스는 몇 시에 옵니까?

❿ 몇 시간 걸립니까?

⓫ 어디에서 갈아타야 합니까?

⓬ 여기는 안동마켓입니까?
(베트남에서 택시 정류장은 따로 없습니다. 아니 있지만 사용을 하지 않습니다.)

⓭ 여기가 제가 내려야할 곳인가요?

⓮ 여기서 내려 주십시오.

⓯ 다음 정거장에서 내리겠습니다.

⓰ 그곳에 도착하면, 저에게 좀 알려주세요.

❾ **Xe buýt kế tiếp đến lúc mấy giờ?**
쌔 빗 께 띠입 덴 룩 머이 져

❿ **Bao lâu?**
바올 러우

⓫ **Phải đổi xe ở đâu?**
파아이 도오이 쌔 어어 더우

⓬ **Đây có phải là chợ An Đồng không?**
더이 꼬오 파일라 쩌 안 돔 콤

⓭ **Chỗ này là chỗ tôi phải xuống xe, phải không?**
쪼오 나일 라 쪼오 또이 파아이 수웅 쌔 파아이 콤

⓮ **Cho tôi xuống chỗ này.**
쪼 또이 수웅 쪼오 나이

⓯ **Tôi sẽ xuống ở trạm dừng kế tiếp.**
또이 쌔애 수웅 어어 짬 증 께 띠입

⓰ **Nếu đến nơi, hãy báo cho tôi biết.**
네우 뗀 너이 하아이 바오 쪼 또이 비엣

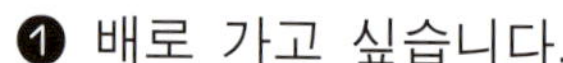

❶ 배로 가고 싶습니다.

❷ 1등선실을 예약하고 싶습니다.

❸ 붕타우까지 가는 배는 어디서 탑니까?

❹ 승선시간은 몇 시 입니까?

❺ 언제 출항합니까?

❻ 몇 시간 걸립니까?

❼ 뱃멀미가 좀 납니다.

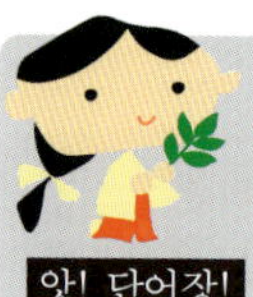

항구 : **cửa khẩu cảng** (끄아 커어우 까앙)
여객선 : **tàu khách** (따우 캇)
부두 : **bến tàu** (벤 따우)

9

❶ Tôi muốn đi bằng tàu.
또이 무운 디 방 따우

❷ Tôi muốn đăng ký phòng loại một trên tàu.
또이 무운 당 끼이 포옴 을롸이 못 짼 따우

❸ Đến Vũng Tàu thì lên tàu ở đâu?
덴 부움 따우 티 을렌 따우 어어 더우

❹ Mấy giờ thì lên tàu?
머이 져 티이 을렌 따우

❺ Khi nào tàu xuất bến?
키 나오 따우 수엇 베엔

❻ Mất mấy tiếng đồng hồ?
멋 머이 띠잉 돔 호

❼ Tôi hơi bị say tàu.
또이 허이 비 싸이 따우

정박지 : **nơi đậu tàu** (너이 더우 따우)

승선표 : **vé lên tàu** (베엘 렌 따우)

선실 : **phòng tàu** (포옴 따우)

앗! 단어장!

❶ 쎄옴 아저씨! 여기요!

❷ 아저씨, 다이아몬드 플라자까지 얼마예요?
(쎄옴과의 대화)

❸ 만 동입니다.

❹ 호치민시 지도 한 장 주세요.
(길가의 행상 혹은 서점등에서 판매함)

❺ 전쟁 박물관에 가주세요.

❻ 맥시마크꿍화 슈퍼마켓까지는 얼마나 걸리나요?

❼ 5천동에 합시다.

❽ 퍼어 화 집에 갑시다.

❾ 사이공 역은 여기에서 어디어디로해서 갑니까?

9

❶ Anh xe ôm ơi, lại đây!
안 쎄 옴 어이 을라이 더이

❷ Anh ơi, đến trung tâm Điamond là bao nhiêu?
안 어이 덴 쭘 떰 디아몬 을라 바오 니유

❸ Mười ngàn.
므이 응안

❹ Cho tôi một tấm bản đồ thành phố Hồ Chí Minh.
쪼 또이 못 떰 바안 도 탄 포 호 치 민

❺ Đi đến bảo tàng chiến tranh nhá!
디 덴 바오 땅 찌인 짠 냐

❻ Đến Siêu thị Maximak Cộng Hoà mất bao lâu?
덴 시유 티 맥시막 꼼 화 멋 바올 러우

❼ Anh đi giá 5 ngàn nhé!
안 디 쟈 남 응안 니애

❽ Hãy đi đến Phở Hoà Pasteur.
하아이 디 덴 퍼어 화아 빠스터

❾ Từ đây đến ga Sài Gòn qua đi đường nào?
뜨 더이 덴 가 사이 곤 과 디 드응 나오

7 택시의 이용!

❶ 여보세요. 45 택시 회사입니다.

❷ 하이바쯩의 홍비 호텔로 4인승 택시 한 대
보내주세요.

❸ (메모를 보이면서) 이 주소로 가 주십시오.

❹ 박물관까지 요금이 얼마정도 나옵니까?

❺ 거기까지 가는 데 얼마나 걸립니까?

❻ 빨리 좀 가 주세요. 좀 늦었는데요.

❼ 여기서 세워주세요.

❽ 요금은 얼마입니까?

(베트남에서는 길가에서 그냥 빈택시를 잡거나 혹은 전화로 부르거나 가격이 마찬가지입니다. 콜택시의 개념입니다. 승강장 개념은 따로 없습니다.)

❶ Alô, Taxi 45 nghe.
알로 딱시 본람 응에

❷ Gửi cho một chiếc taxi 4 chỗ đến khách sạn Hồng Vy ở đường Hai Bà Trưng.
그으이 쪼 못 찌윽 딱시 보온 쪼오 데엔 캇 산
홈 비 어어 드응 하이 바 쯩

❸ Hãy đến địa chỉ này.
하아이 덴 디아 찌이 나이

❹ Đến viện bảo tàng thì khoảng bao nhiêu tiền xe?
덴 비엔 바오 땅 티이 쾅 바오 니유 띠엔 쌔

❺ Đến tận đó thì mất bao lâu?
덴 떤 도 티이 멋 바올 러우

❻ Làm ơn đi nhanh một chút. Hơi bị trễ rồi.
람 언 디 냔 못 쭛 허이 비 쩨에 로이

❼ Hãy dừng ở đây.
하아이 증 어어 더이

❽ Hết bao nhiêu tiền?
헷 바오 니유 띠인

❶ 렌터카는 어디에서 빌립니까?

❷ 090-337-5843으로 전화하십시오.

❸ 여보세요. 렌터카 회사지요?

❹ 차를 빌리고 싶습니다.

❺ 어떤 차종이 있습니까?

❻ 12인승(봉고) 차량 있습니까?

❼ 이 차를 하루 쓰고 싶습니다.

❽ 하루 이용료는 얼마입니까?
(이용요금표는 있으나 서로 상의해서 가격을 결정함)

❾ 시내 하루 8시간 기본에 30만동입니다.
(보통 2000년식 이후. 시외 이용시 시별로 5만동씩 추가,
1시간 초과당 3만동 가산)

9. 교통수단

9

(베트남에서의 차량렌트는 기사까지 포함된 가격입니다. 다만 점심시간 저녁시간이 끼어있으면 약 1-2만동 정도씩의 식대를 차량렌트비 외에 따로 기사에게 팁으로 주는 것이 일반적입니다.)

❶ Thuê xe ở đâu?
투에 쌔 어어 더우

❷ Hãy gọi số điện là 090 337 5843 đi.
하아이 고이 쏘오 디인 을라 콤찐콤 바바바아이 남탐보온바 디

❸ Alô, Đó có phải là công ty cho thuê xe, phải không?
알로 도오 꼬오 파아일 라 꼼 띠 쪼 투에 쌔 파아이 콤

❹ Tôi muốn thuê xe.
또이 무운 투에 쌔

❺ Có loại xe gì?
꼬오 을라이 쌔 지

❻ Có xe 12 chỗ không?
꼬오 쌔애 므이하이 쪼오 콤

❼ Tôi muốn sử dụng xe này một ngày.
또이 무운 스으 줌 쌔 나이 못 응아이

❽ Một ngày tính bao nhiêu tiền?
못 응아이 띠인 바오 니유 띠인

❾ Một ngày 8 tiếng nội thành là 300.000 đồng.
못 응아이 땀 띠잉 노이 탄 을라 바짬응안 돔

(여행을 위해 미리 예약을 할 경우에는 렌트카회사에 보증금을 약 10-20%정도를 내고 다 사용한 후 잔액을 정산합니다)

➡ 철도여행 관련 단어표현

기차역	**Ga xe lửa**	가 쎌 르아
열차	**xe lửa**	쎌 르아
매표소	**quầy bán vé**	꽈이 반 베
편도기차표	**Vé xe lửa một chiều** 베 쎌 르아 못 찌유	
왕복기차표	**Vé xe lửa khứ hồi** 베 쎌 르아 크 호이	
1등석	**ghế hạng một**	게에 항 못
2등석	**ghế hạng hai**	게에 항 하이
1등 침대차	**toa có giường hạng một** 똬 꼬오 즈응 항 못	
2등 침대차	**toa có giường hạng hai** 똬 꼬오 즈응 항 하이	
좌석	**chỗ ngồi**	쪼오 응오이
보통열차	**xe lửa thường**	쎌 르아 트응
급행열차	**xe lửa tốc hành**	쎌 르아 똑 한
특급열차	**xe lửa đặc biệt**	쎌 르아 닥 비엣

➡ 버스여행 관련 단어표현

9

시외버스터미널	**bến xe buýt ngoại thành**
	벤 쌔 빗 응와이 탄
버스정류장	**trạm dừng xe buýt**
	짬 증 쌔 빗
시내버스	**xe buýt nội thành**
	쌔 빗 노이 탄
관광버스	**xe buýt tham quan**
	쌔 빗 탐 관
장거리버스	**xe buýt đường dài**
	쌔 빗 드응 쟈이
정차	**dừng xe** 증 쌔

➡ 선박여행 관련 단어표현

항구	**cửa khẩu cảng**	끄아 커어우 까앙
여객선	**tàu khách**	따우 캇
부두	**bến tàu**	벤 따우
정박하다	**đậu tàu**	더우 따우
정박지	**nơi đậu tàu**	너이 더우 따우
승선표	**vé lên tàu**	베엘 렌 따우
선실	**phòng tàu**	포옴 따우

의무실	**phòng y tế**	포옴 이 떼
구명부낭	**phao cứu sinh**	파오 끄우 씬
구명동의	**áo cứu sinh**	아오 끄우 씬
구명보트	**tàu cứu sinh**	따우 끄우 씬

➡ 지하철 관련 단어표현

매표구	**quầy bán vé**	과이 반 배
입구	**cửa vào**	끄으아 바오
출구	**cửa ra**	끄으아 라
플랫홈	**dọc sân ga**	족 썬 가
개찰구	**Cửa soát vé**	끄으아 쏴앗 배

➡ 택시 관련 단어표현

택시승차장	**chỗ lên Taxi**	쪼올 렌 딱시
택시	**Taxi**	딱시
택시기사	**tài xế taxi**	따이 쌔 딱시
택시요금	**tiền taxi**	띠인 딱시

9

미터계	**đồng hồ đo km**	돔 호 도 멧
거스름돈	**tiền thối**	띠인 토오이
화물요금	**tiền hành lý**	띠인 한 을리

주요 택시 회사 (호치민 : 8 45 45 45, 8, 111)

➡ 렌터카 관련 단어표현

보증금	**tiền đặt cọc**	띠인 닷 꼭
임대료	**tiền thuê**	띠인 투에
계약서	**hợp đồng**	협 돔
주유소	**trạm xăng**	짬 쌍
가솔린	**dầu gasoil**	져우 가소인
가득 채움	**đổ đầy**	도오 더이
교통지도	**bản đồ giao thông**	반 도 쟈오 통
고속도로	**xa lộ cao tốc**	싸 을로 까오 똑
직행도로	**đường lộ đi thẳng**	드응 을로 디 타앙
주차장	**bãi đậu xe**	바이 더우 쌔
일방통행	**đường một chiều**	드응 못 찌이유

추월금지	**cấm vượt**	껌 브읏
통행금지	**cấm qua lại**	껌 꽈알 라이
주차금지	**cấm đậu xe**	껌 더우 쌔
공사중	**đang xây dựng**	당 써이 증
서행	**đi từ từ**	디 뜨 뜨
안전벨트	**đai an toàn**	다이 안 똬안

십자교차로   **giao lộ chữ thập (ngã tư)**
쟈올 로 쯔으 텁 (응아아 뜨)

T형교차로   **giao lộ hình T (ngã ba)**
쨔올 로 힌 떼 (응아아 바)

자동차사고보험   **bảo hiểm tai nạn xe hơi**
바오 히임 따이 난 쌔 허이

운전면허증   **bằng lái xe**   방 을라이 쌔

국제면허증   **bằng lái xe quốc tế**
방 을라이 쌔 꿕 떼

10. 관광하기!

❶ 베트남 관광 정보!

베트남은 고온 다습하며 연평균 기온이 22도를 넘는 열대몬순 기후입니다. 국토가 남북으로 길기때문에 남부는 건기와 우기가 있으며, 북부는 사계절이 있습니다. 호치민시가 있는 남부 지방은 25도를 넘는 열대 기후로서 건기인 11월에서 4월 사이가 여행하기에 가장 좋으며 4~5월은 가장 더운 시기이므로 피하는 편이 좋습니다. 수도인 하노이가 있는 북부 지방은 10~11월이 시원하고 습도

도 낮으므로 여행하기에 적절하며 7월은 가장 덥고 12~2월은 무앙훈이라는 안개비가 내려서 춥기때문에 감기에 걸리지 않도록 의류를 준비해야 합니다.

❷ 주요 관광지!

● 하노이

베트남의 수도인 하노이는 정치 문화의 도시입니다. 하노이 시는 호안끼엠 호수를 중심으로 번화가들이 있는데 그중에서도 쌍띠엔 거리는 호텔과 각종 상점들이 즐비해 있는 대표적인 거리입니다. 호안끼엠 호수의 북쪽인 구시가지는 지정 보존 구역으로서 오래된 사찰과 묘, 박물관 등이 있으며, 시가지 서쪽의 신시가지는 현대적인 건물과 호텔들이 들어서고 있습니다. 주요 관광지로는 호치민 주석의 시신이 안치되어 있는 호치민 묘소와 호치민 박물관, 하노이 시민들의 휴식처인 호안끼엠 호수와 타이 호, 베트남 최초의 대학인 문묘, 하노이 불교 중심사원인 관저사와 일주사, 역사 박물관, 전쟁 박물관, 공군 박물관 등이 있습니다.

● 호치민

1975년 해방 전까지는 사이공이라고 불렸던 호치민은 베트남 최대의 상업 도시입니다. 나날이 늘어가고 있는 고층 빌딩과 수많은 상점과 고급 레스토랑, 그리고 외국 기업의 사무실까지 수도인 하노이와는 대조적인 거리 모습을 보이고 있습니다. 호치민시의 중심부는

동코이 거리, 레로이 거리, 함응이 거리를 중심으로 한 그 일대로서 호텔과 레스토랑, 부티크, 각종 잡화점과 여행사 , 항공사, 은행등의 모든 시설들이 몰려 있습니다. 주요 관광지로는 현재 박물관으로 사용중인 옛총독부 건물인 독립궁과 프랑스 통치 시대에 세워진 건물인 중앙 우체국과 노틀담 성당, 남부 최대의 절인 빙엄사와 전쟁 박물관, 호치민 박물관 등이 있습니다.

● 냐짱

카안화아 성의 성도인 냐짱은 대표적인 리조트 지역으로 파랗게 빛나는 바닷물과 하얀 모래사장, 커다란 야자나무 가로수가 있는 아름다운 휴양지입니다. 또 이 지방 최대의 어항으로도 유명한 냐짱은 신선한 해산물도 풍부합니다. 호치민의 북쪽에 위치하고 있으며 자동차로는 7~8시간, 항공편으로는 40분 정도 소요됩니다.

● 하롱 만

1000여개의 크고 작은 섬과 쪽빛 바다가 어우러진 하롱 만은 유네스코가 지정한 세계 8대 명승지로 꼽힐만큼 환상적인 자연 경관을 가지고 있습니다. 하노이 북동쪽 180km지점에 위치하고 있으며 4시간 정도 소요됩니다.

● 후에

베트남 최후의 왕조인 꾸엔 왕조의 수도였던 도시로서 홍 강 주위에 베트남 최초로 세계유산으로 인정받은 원조 왕궁과 사원등이 있습니다. 왕궁과 사찰 관광과 더불어 궁정 요리인 후에 요리를 맛볼 수 있습니다.

❶ 관광안내소는 어디 있습니까?

❷ 여행안내서를 주십시오.

❸ 놀기 좋은 곳을 말씀해 주세요.

❹ 하노이 시내지도 있습니까?

❺ 어디에서 출발합니까?

❻ 한 사람에 얼마입니까?

❼ 하루에 얼마입니까?

❽ 유람선 타는 곳은 어디입니까?

❾ 야간 관광이 있습니까?

❶ Quầy hướng dẫn du lịch ở đâu?
꽈이 흐응 져언 쥬율릿 어어 더우

❷ Cho tôi một bản hướng dẫn tham quan.
쪼 또이 못 바안 흐응 져언 탐 관

❸ Hãy cho tôi biết nơi vui chơi tốt.
하아이 쪼 또이 비엣 너이부이 쩌이 또옷

❹ Có bản đồ thành phố Hà Nội không?
꼬오 바안 도 탄 포 하 노이 콤

❺ Xuất phát tại đâu?
수엇 팟 따이 떠우

❻ Một người bao nhiêu?
못 응으이 바오 니유

❼ Một ngày bao nhiêu?
못 응아이 바오 니유

❽ Chỗ lên tàu thưởng ngoạn ở đâu?
쪼올 렌 따우 트응 응와안 어어 더우

❾ Có tham quan vào ban đêm không?
꼬오 탐 관 바오 반 뎀 콤

❶ 실례합니다. 길을 잃었습니다.

❷ 여기가 어디입니까?

❸ 여기가 무슨 거리입니까?

❹ 어느 쪽이 북쪽입니까?

❺ 지도상으로 제가 어디에 있는 건가요?

❻ 33층 사이공 무역 센타에는 어떻게 가야 하나요?

❼ 한국대사관이 어디 있는지 아십니까?

❽ 그곳까지 걸어갈 수 있나요?

❾ 가장 가까운 화장실은 어디에 있습니까?

10

❶ **Xin lỗi, tôi lạc đường rồi.**
씬 을로이 또일 락 드응 로이

❷ **Ở đây là đâu?**
어어 더일 라 더우

❸ **Ở đây là đường gì?**
어어 더일 라 드응 지

❹ **Hướng nào là hướng Bắc?**
흐응 나올 라 흐응 박

❺ **Tôi đang ở vị trí nào trên bản đồ?**
또이 당 어어 비 찌이 나오 짼 바안 도

❻ **Đến lầu 33 trung tâm thương mại Sài Gòn bằng cách nào?**
덴 러우 바바 쭘 떰 트응 마이 싸이 곤 방 깟 나오

❼ **Anh có biết đại sự quán Hàn Quốc ở đâu không?**
안 꼬 비엣 다이 스 관 하안 꿕 어 더우 콤

❽ **Có thể đi bộ đến tận nơi đó được không?**
꼬오 테에 디 보 덴 떤 너이 도 드윽 콤

❾ **Nhà vệ sinh gần nhất ở đâu?**
냐 베 씬 건 녀엇 어어 더우

⑩ 여기서 얼마나 멉니까?

⑪ 얼마나 걸릴까요?

⑫ 까라빌 호텔은 여기서 멉니까?

⑬ 어떻게 가야 합니까?

⑭ 저는 이곳이 초행입니다.

⑮ 여기에 약도를 그려 주십시오.

⑯ 그곳은 버스로 갈 수 있습니까?

⑰ 지금 제가 있는 곳을 지도에 표시해 주세요.

⑱ 감사합니다. 그쪽으로 가보겠습니다.

⑩ Cách đây bao xa?
깟 더이 바오 싸

⑪ Mất bao nhiêu thời gian?
멋 바오 니유 터이 쟌

⑫ Khách sạn Callaville có cách xa đây không?
캇 산 까라빌 꼬오 깟 싸 더이 콤

⑬ Phải đi bằng cách nào?
파아이 디 방 깟 나오

⑭ Tôi là người lần đầu tiên đến đây.
또일 라 응으일 런 더우 띠인 덴 더이

⑮ Làm ơn vẽ lược đồ ở đây.
람 인 베애 음륵 도 어어 더이

⑯ Chỗ đó có thể đi bằng xe buýt được không?
쪼오 도 꼬오 테에 디 방 쌔 빗 드윽 콤

⑰ Hãy ghi trên bản đồ chỗ tôi đang đứng.
하아이 기 짼 바안 도 쪼오 또이 당 등

⑱ Cảm ơn, Tôi sẽ đến đó thử.
까암 언 또이 쌔애 덴 도 트으

❹ 기념사진 찍기!

❶ 사진 좀 찍어주세요.

❷ 이 셔터를 누르시기만 하면 돼요.

❸ 됐습니다. 찍으세요.

❹ 그럼 찍습니다.

❺ 한 장 더 부탁합니다.

❻ 여기서 사진을 찍어도 됩니까?

❼ 함께 사진을 찍을 수 있을까요?

컬러필름 : **phim màu** （핌 마우）
흑백필름 : **Phim trắng đen** （핌 짱 댄）
건전지 : **Pin** （삔）

앗! 단어장!

10

❶ Làm ơn chụp giùm một tấm hình.
람 언 쭙 줌 못 떰 힌

❷ Chỉ cần ấn nút này là được rồi.
찌디 껀 언 눗 나이 라 드윽 로이

❸ Được rồi. Hãy chụp đi.
드윽 로이 하아이 쭙 디

❹ Vậy thì tôi chụp nha!
버이 티이 또이 쭙 냐

❺ Nhờ chụp thêm một tấm nữa.
녀 쭙 템 못 떰 느아

❻ Được phép chụp hình ở đây không?
드윽 팹 쭙 힌 어어 더이 콤

❼ Có thể chụp hình chung với tôi được không?
꼬오 테에 쭙 힌 쭘 버이 또이 드윽 콤

사진촬영 금지 : **Cấm chụp hình**
　　　　　　　　(껌 쭙 힌)
프래쉬 금지 : **Cấm ánh chớp**
　　　　　　　　(껌 아안 쩝)

앗! 단어장!

▶ 사진 관련 단어표현

현상하다	**rửa hình (sang hình)** 르아 힌 (쌍 힌)
컬러필름	**phim màu** 픰 마우
슬라이드 필름	**phim chiếu trượt** 픰 찌이유 쯔읏
건전지	**Pin** 삔
사진촬영 금지	**Cấm chụp hình** 껌 쭙 힌
프래쉬 금지	**Cấm ánh chớp** 껌 아안 쩝
흑백필름	**Phim trắng đen** 픰 짱 댄

▶ 관광 관련 단어표현

관광	**du lịch** 쥬율릿
명승지	**danh lam thắng cảnh** 쟌 을람 탕 까안
박람회	**hội chợ** 호이 쩌어
박물관	**bảo tàng** 바오 땅
화랑	**phòng trưng bày tranh nghệ thuật** 포옴 쯩 바이 쨘 응에 투엇
전시장	**Gian hàng triển lãm** 쟌 항 찌인 을람

수족관	**Hồ cá**	호오 까아
동물원	**Sở thú**	써어 투우
식물원	**Viện thực vật**	비인 특 벗
교외	**Ngoại thành**	응와이 탄
시내	**Nội thành**	노이 탄
공원	**Công viên**	꼼 비인
유원지	**Khu bảo tồn thiên nhiên** 쿠 바오 똔 티인 니인	
축제	**Lễ hội**	을레 호이
행사	**Hoạt động**	홧 또옴
연중행사	**Hoạt động chính trong năm** 홧 또옴 찐 쫌 남	
특별행사	**Hoạt động đặc biệt** 홧 또옴 닥 비엣	

➡ 시내관광 관련 단어표현

이쪽	**Phía này**	피아 나이
저쪽	**Phía kia**	피아 끼아
앞쪽	**Phía trước**	피아 쯔윽

뒤쪽	**Phía sau**	피아 사우
옆쪽	**Phía bên cạnh**	피아 벤 깐
안쪽	**Phía trong**	피아 쫌
바깥쪽	**Phía bên ngoài**	피아 벤 응와이
오른쪽	**Phía bên phải**	피아 벤 파아이
왼쪽	**Phía bên trái**	피아 벤 짜아이
곧장	**Thẳng**	타앙
도로	**Đường lộ**	드응 을로
보도	**Đường đi bộ**	드응 디 보
횡단보도	**Đường băng ngang lộ**	드응 방 응앙 을로
사거리	**Ngã tư**	응아 뜨
구획	**Lô**	을로
버스정류장	**Trạm dừng xe buýt**	짬 증 쌔 빗
택시승차장	**chỗ lên xe taxi**	쪼올 렌 쌔 딱시
지하철역	**ga tàu điện ngầm**	가아 따우 디인 응엄
기차역	**ga xe lửa**	가아 쌜 르아
시장	**chợ**	쩌어
상가	**Phố buôn bán**	포오 부온 반

광장	**Quảng trường**	과앙 쯔응
공원	**Công viên**	꼼 비인
시내중심가	**Phố trung tâm**	포 쭘 떰
주의	**Chú ý**	쭈우 이이
위험	**Nguy hiểm**	응우이 히임
경고	**Cảnh cáo**	까안 까오
안내	**Hướng dẫn**	흐응 져언
계단이용	**Sử dụng cầu thang** 스으 쥼 꺼우 탕	
고장	**Bị hỏng**	비이 호옴
접근금지	**Cấm đến gần**	껌 덴 건
통행금지	**Cấm qua lại**	껌 꽈알 라이
영업중	**Đang Mở cửa**	당 머어 끄아
폐점	**Đóng cửa / Nghỉ bán hàng** 돔 끄아 / 응이이 반 항	
미시오	**Đẩy vào**	더이 바오
당기시오	**Kéo ra**	께오 라
입구	**Cửa vào**	끄으아 바오
출구	**Cửa ra**	끄으아 라
비상구	**Cửa thoát hiểm**	끄아 톼앗 히임
화장실	**Nhà vệ sinh**	냐 베 씬

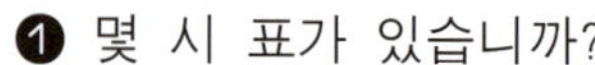

1 몇 시 표가 있습니까?

2 입장료는 얼마입니까?

3 일반표 (학생) 2장 주세요.

4 가장 싼 좌석으로 2장 주십시오.

5 오늘 좌석이 아직 있습니까?

6 영화관은 어디에 있습니까?

7 수중 인형극을 보고 싶습니다.

8 영화는 어디서 상영합니까?

9 지금은 무슨 공연을 하고 있습니까?

❶ Ông có vé mấy giờ?
옴 꼬오 배 머이 져

❷ Vé vào cửa là bao nhiêu?
배 바오 끄으알 라 바오 니유

❸ Làm ơn cho tôi hai vé thường (học sinh).
람 언 쪼 또이하이 배 트응 (혹 씬)

❹ Làm ơn cho tôi vé chỗ ngồi rẻ nhất!
람 언 쪼 또이 배 쪼오 응오이 래애 녀엇

❺ Hôm nay vẫn còn chỗ không?
홈 나이 버언 꼬온 쪼오 콤

❻ Rạp chiếu bóng ở đâu?
랍 찌유 봄 어어 디우

❼ Tôi muốn xem múa rối.
또이 무운 쌤 무아 로이

❽ Phim này chiếu ở đâu?
핌 나이 찌유 어어 더우

❾ Hiện nay đang diễn tuồng gì?
히인 나이 당 지인 뚜옹 지

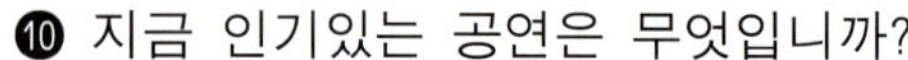

⑩ 지금 인기있는 공연은 무엇입니까?

⑪ 출연진은 누구입니까?

⑫ 며칠까지 상연합니까?

⑬ 입구는 어디입니까?

⑭ 공연은 몇 시에 시작합니까?

⑮ 몇 시에 끝납니까?

⑯ 팜플렛이 있습니까?

음악회 : **Buổi hoà nhạc** (부우이 화아 냑)
음악당 : **Phòng hoà nhạc** (포옴 화아 냑)
연극 : **Kịch nói** (끼 노이)

앗! 단어장!

⑩ Hiện nay tuồng gì ăn khách nhất?
히인 나이 뚜옹 지 안 캇 녀엇

⑪ Đoàn diễn là đoàn nào?
돠안 지인 을라 돠안 나오

⑫ Diễn đến ngày nào?
지인 덴 응앙이 나오

⑬ Lối vào là chỗ nào?
을로이 바올 라 쪼오 나오

⑭ Mấy giờ bắt đầu diễn?
머이 져 밧 더우 지인

⑮ Mấy giờ chấm dứt?
머이 져 썸 즛

⑯ Có tờ bướm quảng cáo không?
꼬오 떠 브음 과앙 까오 콤

뮤지컬 : **Nhạc kịch** (냑 찟)

오페라 : **Opera** (오뻬라)

영화 : **Phim** (핌)

앗! 단어장!

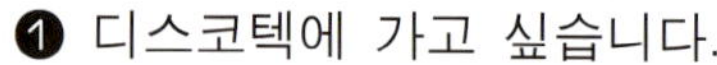
7 나이트 클럽!

❶ 디스코텍에 가고 싶습니다.

❷ 근처에 디스코텍이 있습니까?

❸ 몇 시에 엽니까?

❹ 입장료는 얼마입니까?

❺ 입장료가 포함된 것입니까?

❻ 음료수 값은 별도입니까?

❼ 저와 춤추시겠습니까?

극장 : **Rạp hát** (랍 핫)

야외극장 : **Rạp hát ngoài trời**

(랍 핫 응와이 쩌어이)

앗! 단어장!

❶ Tôi muốn đi hộp đêm (tiệm nhảy).
또이 무운 디 홉 뎀 (띠인 냐이)

❷ Gần đầy có hộp đêm không?
건 더이 꼬오 홉 뎀 콤

❸ Mấy giờ mở cửa?
머이 져 머어 끄으아

❹ Vé vào cửa bao nhiêu?
배 바오 끄으아 바오 니유

❺ Tính luôn vé vào cửa, phải không?
띤 을룬 배 바오 끄으아 파아이 콤

❻ Giá nước giải khát tính riêng, phải không?
쟈 느윽 쟈이 캇 띤 리닝 파아이 콤

❼ Nhảy với tôi chứ?
냐이 버이 또이 쯔

영화관 : **Rạp chiếu phim** (랍 찌이유 핌)
매표소 : **Quầy bán vé** (과이 반 배)
예매권 : **Vé mua trước** (배애 무아 쯔윽)

앗! 단어장!

❽ 스포츠 즐기기!

❶ 어떤 운동을 좋아하십니까?

❷ 야구를 제일 좋아합니다.

❸ 저는 베트남 축구팀의 열렬한 팬입니다.

❹ 내 취미는 수영입니다.

❺ 배구 시합을 보고 싶습니다.

❻ 누구와 누구의 시합이 펼쳐집니까?

❼ 낚시하러 가고 싶습니다.

❽ 골프 클럽에 들고 싶습니다.

❾ 말을 타고 싶습니다.

10. 관광하기!

❶ Thích môn thể thao nào?
티잇 몬 테에 타오 나오

❷ Tôi thích bóng chày nhất.
또이 팃 봄 짜이 녀엇

❸ Tôi là người ủng hộ nhiệt liệt đội bóng đá Việt Nam.
또일 라 응으이 우움 호 니잇 을릿 도이 봄 다 비엣 남

❹ Sở thích của tôi là bơi lội.
서어 팃 꾸어 또일 라 버일 로이

❺ Tôi muốn xem đấu bóng chuyền.
또이 무운 쌤 더우 봄 쭈엔

❻ Trận đấu ai với ai xảy ra?
쩐 더우 아이 버이 아이 싸이 라

❼ Tôi muốn đi câu cá.
또이 무운 디 꺼우 까아

❽ Tôi muốn gia nhập câu lạc bộ đánh golf.
또이 무운 쟈 녑 꺼울 락 보 단 곤(프)

❾ Tôi muốn cưỡi ngựa.
또이 무운 끄으이 응으아

▶ 오락 관련 단어표현

음악회	**Buổi hoà nhạc**	부우이 화아 냑
음악당	**Phòng hoà nhạc**	포옴 화아 냑
연극	**Kịch nói**	끽 노이
뮤지컬	**Nhạc kịch**	냑 끽
오페라	**Opera**	오뻬라
영화	**Phim**	핌
영화관	**Rạp chiếu phim**	랍 찌이유 핌
극장	**Rạp hát**	랍 핫
야외극장	**Rạp hát ngoài trời**	
		랍 핫 응와이 쩌어이
매표소	**Quầy bán vé**	꽈이 반 배
예매권	**Vé mua trước**	배애 무아 쯔윽
어른	**Người lớn**	응응일 런
어린이	**Trẻ em**	째애 엠
학생	**Học sinh**	혹 씬
별실	**Phòng đặc biệt**	포옴 닥 비엣
만원	**Chật đầy**	더이
공연	**Biểu diễn**	비이유 지인
휴식시간	**Giờ nghỉ**	져 응이이

● 스포츠 관련 단어표현

축구	**Bóng đá**	봄 다아
야구	**Bóng chày**	봄 짜이
수영	**Bơi lội**	버일 로이
수영장	**Hồ bơi / Bãi bơi**	호 버이 / 바이 버이
테니스	**Tennis / Quần vợt**	테닛 / 꾸언벗
테니스 코트	**Sân Quần vợt**	썬 꾸언벗
캠핑	**Cắm trại**	깜 짜이
등산	**Leo núi**	을래오 누이
낚시	**Câu cá**	꺼우 까아
보트	**Thuyền**	투인
스키	**Trượt tuyết**	쯔읏 뚜잇
스케이트	**Trượt băng**	쯔읏 방
싸이클링	**Đạp Xe**	답 째
자전거 대여	**(Cho) thuê Xe đạp**	(쪼) 투에 쌔 답
골프	**Golf**	곤(프)
골프장	**Sân Golf**	썬 곤(프)

✚ 수중 인형극(Rối Nước)!

　'Rối Nước'은 베트남 전통 수중 인형극입니다. 사람들이 무대 뒤 물 속에서 기다란 막대기를 가지고 나무로 만든 인형을 조정해서 보여주는 인형극으로서 야외 무대와 실내 무대의 두 가지 종류가 있으며 무대 옆에는 악기를 연주하는 악단이 있습니다. 3~5분의 단편이 약 15개 정도로 구성이 되어 있으며 민화나 민속, 전설, 민족적인 소재의 이야기에 맞추어 낚시하는 농부, 물소를 타는 어리이들, 용이나 요정같은 상상의 인물들이 등장합니다. 이 수중 인형극은 1121년 리왕조때 하남주 주이띤엔 지방에서 왕의 만수무강을 빌기 위해 처음 시작되었다고 하며 요즘은 하노이의 호안끼엠 호수 주변과 쫑진 거리 32번지가 유명합니다.

✚ 베트남의 외국인 차등문화!

베트남에서는 항공기, 철도, 버스 등의 교통 요금이나 관광 입장료, 호텔 숙박료 등에서 외국인은 자국민과는 다른 차등 요금제가 적용이 됩니다. 보통 외국인에게 베트남인의 5~10배 정도 더 비싼 가격을 받기도 하는데 외국인들의 좋지 않은 여론으로 인해서 2002년부터 조금씩 개선되고 있습니다. .

11. 사고상황의 대처!

❶ 문제상황의 발생!

어느 나라에서든 소매치기와 도난 사고가 자주 있지만, 최근 베트남에서는 외국인 여행자를 노리는 범죄 행위가 계속해서 늘고 있습니다. 특히 호치민과 하노이같은 대도시가 더욱 그러한데 빈번하게 도난사고가 일어나는 장소로는 호텔과 레스토랑, 상점, 택시나 시클로 등입니다. 그러므로 이러한 사고에 대비하여 여행자 자신이 조심하는 수밖에 없는데, 짐이 여러개일 경우에는 도난당하기 쉬우므로 주의하고 여권과 현금은 남의 눈에 띄지 않도록 하며 귀중품은 호텔의 안전 박스에 보관하도록 합니다.

외국 여행시 분실 도난사고에 대비해서 다음의 것들을 메모하여 따로 보관하도록 합니다.

● **여권과 비자** : 여권 번호, 발행일, 발행지, 유효 기간, 여행지의 한국공관 연락처 (여권의 사진이 있는 부분을 복사해 둠)
● **여행자수표** : 수표의 일련 번호, 구입일, 한국과 현지의 은행 연락처
● **신용카드** : 카드 번호, 한국과 현지의 발급처와 분실 신고 연락처
● **해외 여행자 보험** : 보험증 번호, 계약 연월일
● **항공권** : 항공권 번호, 발행일, 한국과 현지의 항공사 연락처

❷ 분실 도난사고시!

ⓐ **여권을 분실했을 때 :**
여권을 분실해 재발급을 받으려면 상당한 시간이 소요됩니다. 전체 여행에 차질을 빚을 수 있으므로 가능한 한 빨리 한국대사관이나 총영사관에 연락한 후 '여행자증명서'를 발급 받도록 합니다. 여권 및 여행자 증명서를 재발급 받기 위한 구비서류로는 ① 여권 도난 / 분실 증명서 (현지 경찰 발급), ② 일반여권 재발급신청서 2통, ③ 신분증, ④ 사진 3매, ⑤ 분실한 여권의 번호와 교부일자 등을 준비해야 합니다.

ⓑ **여행자수표를 분실했을 때 :**
재발행은 두 번째의 사인을 하지 않은 미사용분만 가능합니다. 재발행을 위해서는 ① 분실증명서(경찰서에서 발급), ② 발행 증명서(구입시 은행에서 준 것), ③ 여권이나 운전면허증 등의 신분증을 지참하고 발행 은행의 현지 지점으로 가시면 됩니다.

ⓒ **항공권을 분실했을 때 :**

발권 항공사의 대리점으로 가서 재발급 신청을 합니다. ① 항공권번호, ② 발권일자, ③ 구간, ④ 복사본이 있으면 편리하며, 소요시간은 약 1주일정도 걸립니다. 시간이 촉박할 때는 일단 새로 비행기표를 사고, 나중에 환불 받는 방법을 취하도록 합니다.

ⓓ **크레디트카드를 분실했을 때 :**

카드발행회사에 즉시 신고합니다. 보통 지갑과 함께 잃어버려 현금과 다른 신분증을 함께 잃어 버리는 경우가 많은데 이를 위해 현금과 카드는 분산해서 소지하고 한국으로부터 송금받을 경우에 대해서도 대비를 하도록 합니다.

ⓔ **배낭 또는 기타 물건을 분실했을 때 :**

가방을 분실하거나 도난 당했을 경우, 인근 경찰서에서 분실 증명서를 발급 받아야 합니다. 보험가입자의 경우 귀국 후 보험청구시에 반드시 필요한 서류가 됩니다. 그리고 항공기의 운송사고의 경우는 사고보상에 따른 일체를 항공사가 배상합니다.

❸ 질병에 대한 대비

베트남에서는 특유의 기후 풍토와 나쁜 위생 상태때문에 질병에 걸리기 쉬우므로 여행 중에 체력 관리를 잘 하고 끓인 물과 익힌 음식을 먹도록 합니다. 또 강이나 호수에는 피부로 침입하는 기생충이 있으므로 함부로 수영하거나 맨발로 다니지 않으며 말라리아에 걸리지 않도록 주의합니다.

❶ 여권을 분실했습니다.

❷ 여행자 수표를 분실했습니다.

❸ 기차에 가방을 놓고 내렸습니다.

❹ 카메라를 잃어버렸어요.

❺ 어제 지하철에서 소매치기 당했습니다.

❻ 한국어가 가능한 직원을 불러주십시오.

❼ 한국대사관에 연락해 주십시오.

❽ 한국대사관은 어떻게 갑니까?

❾ 여행자 수표를 다시 발행하러 왔습니다.

❶ Tôi bị mất hộ chiếu.
또이 비 멋 호 찌이유

❷ Tôi bị mất ngân phiếu du lịch.
또이 비 멋 응언 피유 쥬울 릿

❸ Tôi để quên cặp trên xe lửa.
또이 데에 권 깝 짼 쌔앨 르아

❹ Bị mất máy chụp hình.
비 멋 마이 쭙 힌

❺ Hôm qua tôi bị móc túi ở tàu điện ngầm.
홈 과 또이 비 목 뚜이 어어 따우 디인 응엄

❻ Làm ơn gọi giùm nhân viên biết tiếng Hàn Quốc.
림 언 고이 쭘 년 비인 비엣 띠잉 하안 꿕

❼ Làm ơn liên lạc với đại sứ quán Hàn Quốc.
람 언 을린 락 버이 다이 스으 관 하안 꿕

❽ Đến đại sứ quán Hàn Quốc như thế nào?
덴 다이 스으 관 하안 꿕 니으 테에 나오

❾ Tôi đến để xin cấp lại séc du lịch.
또이 덴 데에 씬 껍 을라이 쌕 쥬울 릿

❿ 오늘 재발행됩니까?

⓫ 어디서 그것을 재발행 받을 수 있습니까?

⓬ 재발행이 가능합니까?

⓭ 분실물에 대해선 어디에 물어봐야 합니까?

⓮ 분실물 신고 센터가 어디에 있습니까?

⓯ 이 전화번호로 연락주세요.

⓰ 어디로 찾으러 가면 되죠?

경찰서 : **Sở cảnh sát** (서어 까안 샷)
경찰 : **Cảnh sát** (까안 샷)
경찰관 : **Cảnh sát viên** (까안 샷 비인)

앗! 단어장!

11

⑩ Hôm nay có thể cấp lại được không?
홈 나이 꼬오 테에 껍 을라이 드윽 콤

⑪ Tôi có thể nhận tái cấp cái ấy ở đâu?
또이 꼬오 테에 년 따이 껍 까이 어이 어어 더우

⑫ Có thể cấp lại được không?
꼬오 테에 껍 을라이 드윽 콤

⑬ Có thể hỏi về hành lý bị thất lạc ở đâu?
꼬오 테에 호이 베 한 을리 비 텃 을락 어어 더우

⑭ Nơi báo hành lý thất lạc ở đâu?
너이 바오 한 을리 텃 을락 어어 더우

⑮ Làm ơn gọi giùm số điện thoại này.
림 언 고이 쥼 쏘오 디인 트와이 나이

⑯ Có thể đi tìm nơi nào?
꼬오 테에 디 띰 너이 나오

여권 : **hộ chiếu** (호 찌이유)
지갑 : **ví** (비이)
현금 : **Tiền mặt** (띠인 맛)

앗! 단어장!

❶ 여보세요. 경찰서죠?

❷ 경찰서 좀 대 주세요.

❸ 제 지갑을 소매치기 당했어요.

❹ 자동차 사고를 신고하고자 합니다.

❺ 화재발생 신고를 하려 합니다.

❻ 여기 부상자 한 사람이 있습니다.

❼ 그의 머리에서 피가 납니다.

❽ 앰뷸런스를 좀 불러주세요.

❾ 차가 고장났습니다.

11

❶ Alô, Sở cảnh sát, phải không?
알로 서어 까안 삿 파아이 콤

❷ Làm ơn chuyển máy sở cảnh sát.
람 언 쭈엔 마이 서어 까안 삿

❸ Tôi bị móc túi mất ví.
또이 비 목 뚜이 멋 비이

❹ Tôi định báo về tai nạn giao thông.
또이 딘 바오 베 따이 난 쟈오 톰

❺ Tôi báo về hoả hoạn.
또이 바오 베 화아 환

❻ Có một người bị thương ở đây.
꼬오 못 응으이 비 트엉 어어 더이

❼ Đầu ông ta bị chảy máu.
더우 옴 따 비 짜아이 마우

❽ Làm ơn gọi xe cấp cứu.
람 언 고이 쌔 껍 끄우

❾ Xe bị hỏng.
쌔 비 호옴

❶ 응급상황입니다!

❷ 120(구급차)으로 전화해주세요.

❸ 경찰을 불러 주세요!

❹ 도둑이다!

❺ 불이야!

❻ 도와주세요!

❼ 조심해요!

❽ 엎드려!

❾ 비켜요!

❶ Tình trạng khẩn cấp.
띤 짱 커언 껍

❷ Hãy gọi điện thoại 120 (xe cấp cứu).
하아이 고이 디인 트와이 못하이콤 (쌔 껍 끄우)

❸ Hãy gọi cảnh sát.
하아이 고이 까안 삿

❹ Có trộm!
꼬오 쫌

❺ Lửa cháy!
을르아 짜이

❻ Giúp cho tôi với.
줍 쪼 또이 버이

❼ Cẩn thận! / Coi chừng!
꺼언 턴   / 꼬이 쯩

❽ Nằm sấp xuống!
남 썹 수웅

❾ Tránh ra!
짠 라

❶ 병원에 데려다 주세요.

❷ 구급차를 불러 주세요.

❸ 의사를 불러 주세요.

❹ 여기에 통증이 있습니다.

❺ 머리가 아픕니다. / 열이 있습니다.

❻ 현기증이 납니다. / 토할 것 같습니다.

❼ 설사를 합니다.

❽ 다리가 부러졌습니다.

❾ 속이 쓰리고 소화가 안 됩니다.

11

❶ Làm ơn chuyển tôi đến bệnh viện.
람 언 쭈엔 또이 덴 벤 비엔

❷ Hãy gọi xe cấp cứu giùm.
하아이 고이쌔 껍 끄으우 쥼

❸ Hãy gọi bác sĩ giùm.
하아이 고이 박 시이 쥼

❹ Đau ở chỗ này.
다우 어어 쪼오 나이

❺ Đau đầu! / Bị sốt!
다우 더우 / 비 솟

❻ Bị chóng mặt! / Bị muốn ói mửa.
비 쬼 맛　　 / 비 무운 오이 므으아

❼ Bị tiêu chảy.
비 띠유 짜아이

❽ Bị gãy chân.
비 가이 쩐

❾ Bao tử bị xót và tiêu hoá không tốt.
바오 뜨으 비 쏟 바 띠유 화아 콤 또옷

❶ 이 처방대로 약 좀 조제해 주시겠어요?

❷ 감기약 좀 주십시오.

❸ 두통약을 좀 주세요.

❹ 소화제를 좀 주세요.

❺ 하루에 약을 몇 회나 복용합니까?

❻ 이 약을 하루 3번 식후에 드세요.

❼ 처방전 없이 이 약은 드실 수 없습니다.

약국 : **Nhà thuốc** (냐 투욱)

처방전 : **Toa thuốc** (똬아 투욱)

탈지면 : **Gạc bông (dùng trong y tế)**
(각 봄 (줌 쫌 이 떼)

11

❶ **Hãy lấy thuốc cho tôi theo toa thuốc này.**
하아이 을러이 투욱 쪼 쪼이 테오 똬 투욱 나이

❷ **Hãy cho tôi thuốc cảm.**
하아이 쪼 또이 투욱 까암

❸ **Hãy cho tôi thuốc đau đầu.**
하아이 쪼 또이 투욱 다우 더우

❹ **Hãy cho tôi thuốc tiêu hoá.**
하아이 쪼 또이 투욱 띠유 화아

❺ **Một ngày uống thuốc mấy lần?**
못 응아이 우옹 투옥 머일 런

❻ **Thuốc này uống một ngày 3 lần sau khi ăn.**
투욱 나이 우웅 못 응아이 발 런 사우 키 안

❼ **Không thể uống thuốc này mà không có toa thuốc.**
콤 테에 우옹 투욱 나이 마 콤 꼬오 똬아 투욱

반창고 : **Băng cá nhân** （방 까 년）
머큐롬 : **Thuốc nhộng đỏ** （뚜욱 뇨옴 도오）
붕대 : **Băng bông** （방 봄）

앗! 단어장!

▶ 사고 관련 단어표현

경찰서	**Sở cảnh sát**	서어 까안 삿
경찰	**Cảnh sát**	까안 삿
경찰관	**Cảnh sát viên**	까안 삿 비인
파출소	**Công an phường**	꼼 안 프응
여권	**hộ chiếu**	호 찌이유
지갑	**ví**	비이
현금	**Tiền mặt**	띠인 맛
귀금속	**Kim loại quý**	낌 을롸이 귀
분실증명서	**Giấy chứng nhận bị thất lạc**	져이 쯩 년 비 텃 을락
발행증명	**Chứng nhận cấp phát**	쯩 년 껍 팟
재발행하다	**Cấp phát lại**	껍 팟 을라이
도둑	**(Kẻ) Trộm**	(깨애) 쫌
도난	**Bị trộm**	비이 쫌
강도	**Cướp**	끄읍
분실	**Thất lạc**	텃 을락
부상	**Bị thương**	비 트응
화재	**Hoả hoạn**	화아 환

| 충돌사고 | **Tai nạn va chạm** | 따이 난 바 짬 |
| 피난 | **Chạy Nạn** | 짜이 난 |

➡ 병원 관련 단어표현

병원	**Bệnh viện**	벤 비엔
의사	**Bác sĩ**	박 시이
응급처치	**Xử lý cấp cứu**	스을 리 껍 끄우
구급차	**Xe cấp cứu**	쌔 껍 끄우
환자	**Bệnh nhân**	벤 년
입원	**Nhập viện**	녑 비엔

➡ 신체 부위별 명칭

몸	**Thân thể**	턴 테에
머리	**Đầu**	더우
코	**Mũi**	무우이
귀	**Tai**	따이
입	**Miệng**	미잉

손목	**Cổ tay**	꼬오 따이
팔	**Cánh tay**	깐 따이
발	**Bàn chân**	반 쩐
다리	**Chân**	쩐
가슴	**Ngực**	응윽
등	**Lưng**	을릉
허리	**Eo**	애오
심장	**Tim**	띰
간장	**Gan**	간

➡ 치료 관련 단어표현

주사	**tiêm chích**	띠임 찓
수술	**Giải phẫu**	쟈아이 퍼우
처방	**Toa thuốc**	똬아 투욱
약	**Thuốc**	투욱
체온	**Nhiệt độ thân thể (thể ôn)** 니잇 도 턴 테에 (테에 온)	
열	**Nhiệt**	니잇
맥박	**Mạch**	맛 (막)

혈압	**Huyết áp**	후잇 압
진단서	**Phiếu khám bệnh**	피유 카암 벤
두통	**Nhức đầu**	니윽 더우
현기증	**Chứng chóng mặt**	쯩 쫌 맛
기침	**Ho**	호
감기	**Cảm**	까암
천식	**Suyễn / hen**	수위인 / 핸
폐렴	**Viêm phổi**	비임 포오이
유행성 감기	**Cảm lây lan**	끼임 을라이 을란

➡ 약국 관련 단어표현

약국	**Nhà thuốc**	나 투옥
처방전	**Toa thuốc**	똬아 투욱
탈지면	**Gạc bông (dùng trong y tế)** 각 봄 (쥼 쫌 이 떼)	
반창고	**Băng cá nhân**	방 까 년
머큐롬	**Thuốc nhộng đỏ**	뚜욱 뇨옴 도오
붕대	**Băng bông**	방 봄

알약	**Thuốc viên**	투욱 비인
아스피린	**Aspirin**	아스피린
감기약	**Thuốc cảm**	투욱 까암
해열제	**Thuốc giải nhiệt**	
		투욱 쟈아이 니잇

✚ 긴급상황시 연락처!

베트남에서 긴급한 상황이 발생했을 때 유용하게 쓸 수 있는 연락처 정보입니다.

경찰 : **113** 구급차 : **115**
소방서 : **114** 전화안내 : **116**

한국대사관 : **8315111/6** (하노이)

한국총영사관 : **8225757** (호치민)

대한항공 : **8242879** (호치민) / **9347236** (하노이)

아시아나항공 : **8222663** (호치민)

12. 귀국 준비!

❶ 귀국 준비!

이제 귀국을 준비할 때입니다. 먼저 짐을 잘 정리해 가방의 부피를 최대한으로 줄이며, 짐의 갯수도 줄이도록 합니다. 그리고 귀국에 필요한 서류들을 다시 한번 확인하고 따로 작은 가방에 넣어 잘 보관합니다. 귀국 때 잃어버리는 짐이 가장 많기 때문에 관리를 잘 하도록 합니다.

ⓐ **예약 재확인** : 귀국날짜가 정해지면 미리 항공편 좌석을 예약해야 하며, 예약을 이미 해두었을 경우는 출발 예정일의 3일 전에 재확인을 해야 합니다. 항공사에 전화해서 이름, 편명, 행선지를 말하고 자신의 연락 전화번호를 남기도록 합니다. 성수기 때에는 자칫 재확인을 안해서 당일날 좌석을 구하지 못하는 일이 종종 있습니다.

ⓑ **수하물의 정리** : 출발하기 전에 맡길 짐과 기내에 가지고 들어갈 짐을 나누어 꾸리고 토산품과 현지에서 구입한 물건의 품명과 금액을 리스트에 기재해 둡니다. 물건의 파손이 우려되는 제품은 가급적 직접 운반하는 것이 좋으며, 부피가 클 경우는 짐에 '주의! 파손위험'이라는 스티커를 보딩패스 할 때 붙여달라고 요구합니다. 그리고 현지에서 구입한 면세 물품 관련 서류를 반드시 챙겨 물건을 꼭 받아 나오도록 합니다.

ⓒ **출국절차** : 최소한 출발 2시간 전까지는 공항에 미리 도착해 체크인을 하십시오. 9.11테러 이후 수하물 검사가 매우 철저하게 진행되기 때문에 상당 시간이 소요됩니다. 기내휴대 수하물 외의 짐은 탁송합니다. 화물은 항공기 탑재 중량을 먼저 주의하여야 하며, 초과 중량에 대해서는 1kg당 운임료를 따로 지불해야 합니다. 적지 않은 비용이기 때문에 반드시 미리 체크하도록 합니다.

출국절차는 먼저 자신이 이용할 해당 항공사 데스크로 가서 부칠 짐과 함께 여권, 항공권을 제시하면 계원이 비행기의

탑승권을 줍니다. 탑승권에는 좌석번호는 물론 탑승구 번호와 탑승시간까지 기록되어 있습니다. 탑승절차를 마치고 난 후 다음은 보안검색과 기내휴대 수하물의 **X**선검사를 받습니다. 세관 검사 후에는 공항 이용료를 지불하는 카운터가 있으므로 12달러를 지불한 후 에스컬레이터를 타고 2층 출국 심사대로 가서 여권, 보딩패스, 출입국 카드를 제시하고 여권에 출국 도장을 받으면 모든 수속이 끝이 납니다. 출국장 안으로 들어가게 되면 먼저 탑승권에 표시된 탑승 게이트로 가서 대기를 하거나 면세품 코너를 들러 남은 시간을 보냅니다. 아직 선물을 준비하지 못했다면 이곳에서 사는 것이 좋습니다. 귀국할 때는 인천공항의 면세점을 이용할 수 없습니다.

❷ 한국 도착!

한국에 도착한 후 입국절차는 ⓐ 입국신고서(세관신고서) 작성, ⓑ 검역, ⓒ 입국심사, ⓓ 세관검사의 순으로 진행됩니다. 입국신고서는 미리 준비해 둡니다. (출국신고서 작성시에 준비했던 것) 입국절차는 출국절차의 역순, **Q - I - C** (**Quarantine, Immigration, Customs**)입니다.

ⓐ 검역 : 비행기에서 내리면 맨 먼저 검역 부스가 있습니다. 미국, 유럽 등지에서 오는 여행객에 대해서는 검사가 없습니다. 주로 전염병이 보고된 지역의 여행객이 받습니다.

ⓑ 입국심사 : 내국인이라고 표시된 곳으로 가서 줄을 섭니다. 여권과 입국신고서를 제출하면 계원이 입국 카드를 떼어 내고 여권에 입국 스탬프를 찍어 주면 끝입니다.

ⓒ 세관 : 세관신고는 자진 신고제를 운영하고 있습니다. 세관 검사에 필요한 서류는 여권과 세관신고서입니다. 신고할 물품이 있으면 여기에 기재를 합니다만 면세품의 경우는 구두로 신고해도 됩니다. 과세 대상품에 대해서는 세관원이 세액을 산출하여 지불용지를 작성해 줍니다. 지불할 돈이 모자라거나 없을 때 일단 과세 대상품을 세관에 예치하고 나중에 찾아 가도록 합니다. 현재 술, 담배, 향수 이외의 물건은 해외 취득 가격 합계 400달러까지 면세됩니다. 특별히 신고할 물건이 없으면 녹색심사대를 통해 우선 통과가 가능하지만 만약 미기재된 물품이나 신고한 금액을 초과한 물품에 대해서는 별도의 관세가 부과되며, 반입금지 물품(마약류, 총기류 등)에 대해서는 형사처벌을 받게 됩니다. 그리고 남의 짐을 잠시 맡아 주는 등의 도움이 자칫 밀수, 불법반입으로 악용되는 경우가 있기 때문에 특히 주의가 필요합니다.

❶ 예약 재확인을 하고 싶습니다.

❷ 서울에서 예약했습니다.

❸ 6월10일의 KAL30편입니다.

❹ 이름은 홍길동입니다.

❺ 예약을 변경하고 싶습니다.

❻ 다른 회사 항공편은 없습니까?

❼ 이 예약을 취소해 주십시오.

탑승권 : **Vé lên máy bay** (베엘 렌 마이 바이)
여권 : **Hô chiếu** (호오 찌유)
항공권 : **Vé máy bay** (베에 마이 바이)

230

12

❶ Tôi muốn kiểm tra việc đăng ký vé.
또이 무운 끼임 짜 비익 당 끼 배애

❷ Tôi đã đăng ký trước ở Seoul rồi.
또이 다아 당 끼이 쯔윽 어어 서울 로이

❸ Chuyến Kal 30, ngày 10 tháng 6.
쭈엔 칼 바므으이 응아이 므으이 탕 싸우

❹ Tên tôi là Hong Gil Dong.
텐 또일 라 홍 길 동

❺ Tôi muốn thay đổi đăng ký.
또이 무운 타이 도오이 당 끼이

❻ Có chuyến của công ty hàng không khác không?
꼬오 쭈엔 꾸어 꼼 띠 항 콤 칵 콤

❼ Hãy hủy bỏ đăng ký này cho tôi.
하아이 휘이 보오 당 끼이 나이 쪼 토이

공항세 : **Thuế sân bay** (투에 썬 바이)
좌석번호 : **Số ghế ngồi** (쏘오 게에 응오이)
흡연금지 : **Cấm hút thuốc** (꺼머 후웃 투욱)

앗! 단어장!

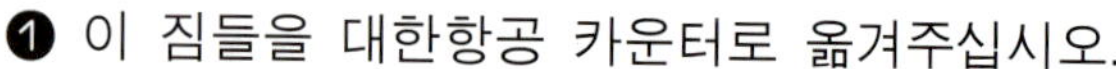

❶ 이 짐들을 대한항공 카운터로 옮겨주십시오.

❷ 탑승수속은 어디서 합니까?

❸ 통로쪽 자리로 해 주십시오.

❹ 탑승개시는 몇 시입니까?

❺ 게이트 번호를 가르쳐 주십시오.

❻ 수하물 검사는 어디서 합니까?

❼ 6번 게이트는 어디입니까?

입국신청서 : **tờ khai xin nhập cảnh**
(떠어 카이 씬 녑 까안)
입국사증 : **thị thực nhập cảnh** (티이 특 녑 까안)

앗! 단어장!

12. 귀국 준비!

❶ Hãy chuyển hành lý này về quầy của hàng không KAL.
하아이 쭈엔 한 을리 나이 베 과이 꾸어 항 콤 칼

❷ Làm thủ tục lên máy bay ở đâu?
람 투우 뚝 을렌 마이 바이 어어 더우

❸ Làm ơn cho tôi ghế ngồi phía đường đi.
람 언 쪼 또이 게에 응오이 피아 드응 디

❹ Mấy giờ bắt đầu lên máy bay?
머이 져 밧 더울 렌 마이 바이

❺ Chỉ cho tôi số của cửa ra.
찌이 쪼 또이 쏘오 꾸어 끄으아 라

❻ Kiểm tra hàng hoá ở đâu?
끼임 짜 항 화아 어어 더우

❼ Cửa số 6 ở đâu?
끄으아 쏘오 싸우 어어 더우

목적지 ： **Nơi đến** (너이 덴)

이륙 ： **cất cánh** (껏 깐)

착륙 ： **Hạ cánh** (하아 깐)

앗! 단어장!

해외 출장을 떠나시는 독자 여러분들을 위한 필수 비지니스 베트남어 회화를 특별 부록편으로 모아 정리했습니다. 간단한 인사말에서부터 상담, 계약, 주문에 이르기까지 꼭 필요한 필수 문장들을 중심으로 소개해 드립니다. 독자 여러분의 '성공 비지니스'를 기원합니다.

❶ 초면의 인사법!

비지니스에 있어서 첫 만남은 무엇보다도 중요합니다. 상대에게 좋은 인상을 줄 수 있도록 첫 인사말을 준비해 봅니다. 상대와의 첫 인사! 무엇보다도 여러분의 밝은 미소와 자신감을 함께 전하십시오.!

베트남인과의 비지니스!

'**Xin chào.**' (씬 짜오)와 '**Hân hạnh được gặp.**' (헌 하안 드윽 갑)은 처음 만났을 때 나눌 수 있는 인사로서 '안녕하세요, 처음 뵙겠습니다.' 라는 뜻입니다. 상대방이 이렇게 말했을 때에는 '잘 지낸다' 는 '**Tôi rất vui sướng được gặp anh.**' (또이 럿 부이 스으응 드윽 갑 안)이라고 하면 되겠습니다.

❷ 다양한 인사법!

서로 만나 인사라도 나눈 적이 있거나, 이미 아는 사이라면 인사법이 좀 더 편해집니다. 그래서 '**Xin chào.**' (씬 짜오)라고 인사하며, '**Sống như thế nào?**' (어떻게 지내십니까? : 쏘옴 니으 테에 나오), '**Tôi cũng khoẻ.**' (저도 잘 지내고 있어요. : 또오 꾸움 쾌애)라고 대답합니다.

그외의 인사법으로 약속 시간에 늦었을 때에는 '**Xin lỗi, tôi bị trễ.**' (늦어서 죄송합니다. : 씬 을로이 또이 비 쩨에), '**Xin lỗi làm ông phải chờ đợi.**' (기다리게 해서 죄송합니다. : 씬 을로이 람 옴 파아이 쩌어 더이)라고 하며, 헤어질 때는 '**Chúc ở lại mạnh khoẻ.**' (안녕히 계세요/가세요. : 쭉 어얼 라이 마안 쾌애), '**Hẹn gặp lại.**' (또 만납시다! : 핸 갑 을라이)라고 말하면 됩니다.

기본 회화에서 계약 성공까지!

비지니스 회화!

❶ 누구를 찾으세요?

❷ 안 사장님과 만나기로 약속했습니다.

❸ 그와 상의할 문제가 좀 있어서요.

❹ 그는 오늘 쉬는 날입니다.

❺ 안 씨는 지금 회의 중입니다.

❻ 손님이 오셨습니다.

❼ 오래 기다리게 해서 죄송합니다.

Hẹn （핸） : 약속
Bàn luận （반 을루언） : 대담, 면담
Thảo luận （타올 루언） : 토의, 논의

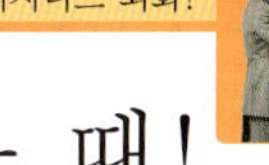

① 방문객을 맞을 때!

❶ Anh (Chị, Ông, Bà) kiếm ai?
안 (찌 옴 바) 끼임 아이

❷ Tôi đã có hẹn gặp Ông (Bà) giám đốc An.
또이 다아 꼬오 핸 갑 옴 (바) 쟘 독 안

❸ Có vấn đề cần thảo luận với ông (bà) ta.
꼬오 번 데 껀 타올 루언 버이 옴 (바) 따

❹ Hôm nay là ngày nghỉ của ông (bà) ta.
홈 나일 라 응아이 응으이 꾸아 옴 (바) 따

❺ Ông An bây giờ đang họp.
옴 안 버이 져 당 홉

❻ Khách đã đến.
캇 다아 데엔

❼ Xin lỗi vì đã để ông (bà, anh, chi) chờ đợi lâu.
씬 을로이 비 다아 데에 옴 (바 안 찌) 쩌어 더일 러우

Chờ (쩌어)	: 기다리다
Đợi (더이)	: 기다리다
Nghỉ phép (응아이 펩)	: 휴가

앗! 단어장!

❶ 뵙게되어 반갑습니다.

❷ 우리 회사에 오신 것을 환영합니다.

❸ 저는 SBJ의 사장, 이민수입니다

❹ 제 명함입니다.

❺ 이쪽으로 오시겠습니까?

❻ 사업 근황이 어떻습니까?

Hạn hạnh được gặp.
(헌 하안 드윽 갑) : 반갑습니다
Hoàn nghinh. / Chào mừng.
(화안 응인 / 짜오 므응) : 환영합니다

❷ 인사할 때!

❶ Hân hạnh được gặp ông (bà, anh, chị).
헌 한 드윽 갑 옴 (바 안 찌)

❷ Chào mừng ông (bà) đến công ty chúng tôi.
짜오 므응 옴 (바) 덴 꼼 띠 쭘 또이

❸ Tôi là Y Min Soo, giám đốc của công ty SBJ.
또이 라 이 민 수 잠 독 꾸어 꼼 띠 SBJ

❹ Đây là danh thiếp của tôi.
더일 라 쟌 티입 꾸어 또이

❺ Mời ông lại phía này.
머이 옴 을라이 피아 나이

❻ Tình hình công việc như thế nào?
띤 힌 꼼 비익 니으 테에 나오

Chủ tịch hội đồng quản trị
(쭈우 띳 호이 돔 꽈안 찌) : 대표이사
Danh thiếp (쟌 티입) : 명함

앗! 단어장!

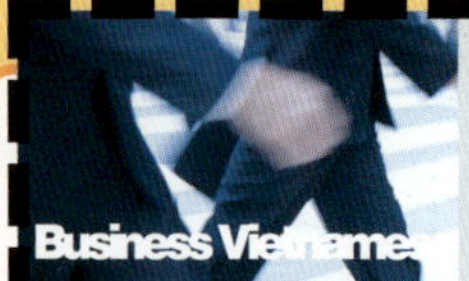

비지니스 회화!

❶ 저희 회사는 2000년에 설립되었습니다.

❷ 지점은 몇 개나 됩니까?

❸ 귀사의 주요 상품은 무엇입니까?

❹ 국제인증을 가지고 있습니까?

❺ 귀사의 마케팅전략이 무엇입니까?

❻ 지난해 귀사의 시장 점유율은 어땠나요?

❼ 총 시장의 80 퍼센트를 차지했어요.

❸ 회사를 소개할 때!

❶ Công ty chúng tôi được thành lập vào năm 2000.
꼼 띠 쭘 또이 드윽 탄 럽 바오 남 하이 응안

❷ Công ty có bao nhiêu chi nhánh?
꼼 띠 꼬오 바오 니유 찌 냔

❸ Sản phẩm chủ yếu của quý công ty là gì?
사안 퍼엄 쭈우 이유 꾸어 귀 꼼 띨 라 지

❹ Có được công nhận chất lượng quốc tế không?
꼬오 드윽 꼼 년 을릉 꿕 떼에 콤

❺ Chiến lược thị trường của quý công ty là như thế nào?
찌인 을르윽 티이 쯔응 꾸어 귀 꼼 띨 리 니으 테에 나오

❻ Năm vừa qua, tỉ lệ chiếm hữu thị trường của quý công ty như thế nào?
남 브아 과 띠일 레 찌임 흐우 티 쯔응 꾸어
귀 꼼 티 니으 테에 나오

❼ Đã đạt được 80% của tổng thị trường.
다아 닷 드윽 땀 므으이 펀 짬 꾸어 또옴 티 쯔응

기본 회화에서 계약 성공까지!

비지니스 회화!

❶ 교환번호 305번 대주시겠어요?

❷ 그는 지금 통화중입니다.

❸ 잠시만 기다려 주십시오.

❹ 그는 지금 자리에 안 계신데요.

❺ 5분 후에 다시 전화해 주시겠어요?

❻ 여명 씨와 어떻게 연락할 수 있을까요?

❼ 제게 전화해 주었으면 한다고 그에게
전해 주십시오.

④ 전화 통화시에!

❶ Làm ơn chuyển cho số 305 không?
람 언 쭈엔 쪼 쏘오 바콤남 콤

❷ Bây giờ ông ấy đang bận máy.
버이 져 옴 어이 당 번 마이

❸ Làm ơn chờ một lát.
람 언 쩌어 못 을랏

❹ Ông (Anh) ấy bây giờ không có ở đây.
옴 (안) 어이 버이 져 콤 꼬오 어어 더이

❺ 5 phút sau làm ơn gọi lại được không?
남 풋 사우 람 언 고일 라이 드윽 콤

❻ Làm thế nào để có thể liên lạc được ông Yo Myung?
람 테에 나오 데에 꼬오 테에 을린 락 드윽 옴 여 명

**❼ Hãy làm ơn nói với ông ta là tôi mong ông ta
điện thoại cho tôi.**
하아일 람 언 노이 버이 옴 딸라 또이 몸 옴 따
디인 트와이 쪼 또이

비지니스 회화!

❶ 귀사의 신제품을 보여주실 수 있습니까?

❷ 어떻게 작동하는지 보여 드리겠습니다.

❸ 1개 가격은 얼마입니까?

❹ 개당 10 달러입니다.

❺ 가격은 주문 수량에 의해 정해집니다.

❻ 이것이 최저가격인가요?

❼ 지불조건은 어떻습니까?

⑤ 상담할 때!

❶ Ông có thể cho tôi xem sản phẩm mới của công ty ông chứ?
옴 꼬오 테에 쪼 또이 쌤 사안 퍼엄 머이 꾸어 꼼 띠 옴 쯔

❷ Tôi sẽ cho ông xem nó vận hành như thế nào.
또이 쌔애 쪼 옴 쌤 노 번 한 니으 테에 나오

❸ Giá một cái là bao nhiêu?
쟈 못 까일 라 바오 니유

❹ Mỗi cái là Mười đô la.
모오이 까일 라 므으이 돌 라

❺ Giá cả sẽ được tính căn cứ theo số lượng đặt hàng.
쟈 까아 쌔애 드윽 띤 깐 끄 테오 쏘올 르응 닷 항

❻ Giá này là giá thấp nhất không?
쟈 나일 라 쟈 텁 녀엇 콤

❼ Điều kiện chi trả như thế nào?
디유 끼인 찌 짜아 니으 테에 나오

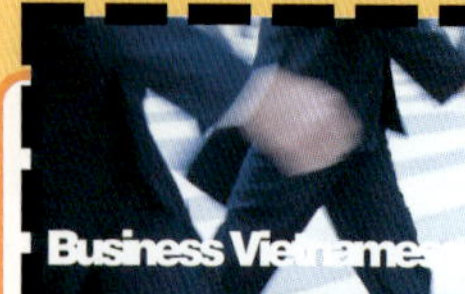

비지니스 회화!

❶ 최신 제품의 샘플을 보여 드리겠습니다.

❷ 그 제품의 재고가 있습니까?

❸ 귀사의 제품을 주문하고 싶습니다.

❹ 얼마나 주문하실 겁니까?

❺ 주문을 변경하고 싶습니다.

❻ 계약서를 작성합시다.

❼ 언제 대금을 송금해 주실 건가요?

Hàng mẫu (항 머어우) : 샘플
Hàng trong kho (항 쫌 코) : 재고
Đặt hàng (닷 항) : 주문하다

❻ 계약, 주문할 때!

❶ Tôi sẽ cho ông xem sản phẩm mới nhất.
또이 쌔애 쪼 옴 쌤 사안 퍼엄 머이 넛

❷ Hàng này còn số lượng trong kho không?
항 나이 꼬온 쏘올 르응 쫑 코 콤

❸ Tôi muốn đặt hàng ở quý công ty.
또이 무운 닷 항 어어 귀 꼼 티

❹ Ông đặt số lượng bao nhiêu?
옴 닷 쏘올 르응 바오 니유

❺ Tôi muốn thay đổi đơn đặt hàng.
또이 무운 타이 도이 던 닷 항

❻ Ta hãy thảo hợp đồng.
따 하아이 타아오 헙 돔

❼ Khi nào thì ông chuyển tiền cho tôi?
키 나오 티이 옴 쭈엔 띠인 쪼 또이

Hợp đồng (헙 동) :	계약서
Chi trả (찌 짜아) :	지불
Chi trả đầy đủ (찌 짜아 더이 두우) :	완불

앗! 단어장!

부록 : 필수 단어사전!

꼭! 꼭! 꼭! 필요한 단어들을 내용별로 정리한 사전입니다!

➡ 숫자세기

1	**Một**	못
2	**Hai**	하이
3	**Ba**	바
4	**Bốn**	보온
5	**Năm**	남
6	**Sáu**	싸우
7	**Bảy**	바아이
8	**Tám**	땀
9	**Chín**	찐
10	**Mười**	므으미
20	**Hai Mươi**	하이 므으이

30	**Ba Mươi**	바 므으이
40	**Bốn Mươi**	보온 므으이
50	**Năm Mươi**	남 므으이
60	**Sáu Mươi**	싸우 므으이
70	**Bảy Mươi**	바아이 므으이
80	**Tám Mươi**	땀 므으이
90	**Chín Mươi**	찐 므으이
100	**Một Trăm**	못 짬
101	**Một Trăm Lẻ Một**	못 짬 을래애 못
102	**Một Trăm Lẻ Hai**	못 짤 을래에 하이
110	**Một Trăm Mười**	못 짬 므으이
120	**Một Trăm Hai Mươi**	못 짬 하이 므으이
130	**Một Trăm Ba Mươi**	못 짬 바 므으이
200	**Hai Trăm**	하이 짬
300	**Ba Trăm**	바 짬
1,000	**Một Ngàn / Một Nghìn**	못 응안 / 못 응인
10,000	**Mười Ngàn / Mười Nghìn**	므으이 응안 / 므으이 응인
100,000	**Một Trăm Ngàn / Một Trăm Nghìn**	못 짬 응안 / 못 짬 응인
1,000,000	**Một Triệu**	못 찌이유

➡ 시간

1시	Một giờ	못 져
1시간	Một tiếng đồng hồ	못 띠잉 돔 호
2시	Hai giờ	하이 져
2시간	Hai tiếng đồng hồ	하이 띠잉
3시	Ba giờ	바 져
3시간	Ba tiếng đồng hồ	바 띠잉 돔 호
4시	Bốn giờ	보온 져
4시간	Bốn tiếng đồng hồ	보온 띠잉 돔 호
5시	Năm giờ	남 져
5시간	Năm tiếng đồng hồ	남 띠잉 돔 호
6시	Sáu giờ	싸우 져
6시간	Sáu tiếng đồng hồ	싸우 띠잉 돔 호
7시	Bảy giờ	바아이 져
7시간	Bảy tiếng đồng hồ	바아이 띠잉 돔 호
10시	Mười giờ	므으이 져
10시간	Mười tiếng đồng hồ	므으이 띠잉 돔 호
11시	Mười Một giờ	므으이 못 져
11시간	Mười Một tiếng đồng hồ 므으이 못 띠잉 돔 호	
12시	Mười Hai giờ	므으이 하이 져
12시간	Mười Hai tiếng đồng hồ 므으이 하이 띠잉 돔 호	

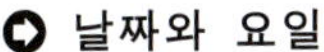 날짜와 요일

아침	**Buổi sáng**	부우이 쌍
점심	**Buổi trưa / buổi chiều**	부우이 쯔아 / 부우이 찌유
저녁	**Buổi tối**	부우이 또이
밤	**Ban đêm**	반 뎀
오늘	**Hôm nay / Nay**	홈 나이 / 나이
내일	**Ngày mai / Mai**	응아이 마이 / 마이
모레	**Ngày mốt**	응아이 못 / 못
어제	**Hôm qua**	홈 꽈
그저께	**Hôm kia**	홈 끼아
매일	**Mỗi ngày (hàng ngày)**	모오이 응아이 (항 응앙이)
오전	**buổi sáng**	부우이 쌍
오후	**buổi chiều**	부우이 찌유
일요일	**Chủ Nhật**	쭈우 녀엇
월요일	**Thứ Hai**	트 하이
화요일	**Thứ Ba**	트 바
수요일	**Thứ Tư**	트 뜨
목요일	**Thứ Năm**	트 남
금요일	**Thứ Sáu**	트 싸우
토요일	**Thứ Bảy**	트 바아이

❯ 월(月), 계절

1월	Tháng Một	탕 못
2월	Tháng Hai	탕 하이
3월	Tháng Ba	탕 바
4월	Tháng Tư	탕 뜨
5월	Tháng Năm	탕 남
6월	Tháng Sáu	탕 싸우
7월	Tháng Bảy	탕 바아이
8월	Tháng Tám	탕 땀
9월	Tháng Chín	탕 찐
10월	Tháng Mười	탕 므으이
11월	Tháng Mười Một	탕 므으이 못
12월	Tháng Mười Hai	탕 므으이 하이
이번달	Tháng này	탕 나이
다음달	Tháng sau	탕 사우
지난달	Tháng trước	탕 쯔윽
매월	Mỗi Tháng	모오이 탕
월말	Cuối Tháng	꾸이 탕
봄	Mùa xuân	무아 수언
여름	Mùa hè / Mùa hạ	무아 해 / 무아 하
가을	Mùa thu	무아 투
겨울	Mùa đông	무아 돔

◑ 사람 · 가족

소년	Thiếu niên	티유 니인
소녀	Thiếu nữ	티유 느으
남자	Đàn ông	단 옴
여자	Đàn bà	단 바
아기	Em bé	앰 배애
어린이	Trẻ em / con nít	째애 앰/꼰 닛
아버지	Cha / ba / bố	짜/바/보오
어머니	Mẹ / má	메/마아
부모	Cha mẹ (Bố mẹ)	짜 메(보오 매)
아들	Con trai	꼰 짜이
딸	Con gái	꼰 가이
남편	Chồng / ông xã	쫌/옴 싸아
아내	Vợ / bà xã	버/바 싸아
형제	Anh em	안 앰
자매	Chị em	씨 엠
조카	Cháu	짜우
할아버지	Ông	옴
할머니	Bà	바
형	Anh	안
누나	Chị	찌
남동생	Em trai	앰 짜이
여동생	Em gái	엠 가이

➡ 나라/국민/언어

한국	Hàn Quốc	하안 꿕
한국인	Người Hàn Quốc	응으이 하안 꿕
한국어	Tiếng Hàn Quốc	띠잉 하안 꿕
중국	Trung Quốc	쭝 꿕
중국인	Người Trung Quốc	응으이 쭝 꿕
중국어	Tiếng Trung Quốc	띠익 쭝꿔
일본	Nhật Bản	녀엇 바안
일본인	Người Nhật (Bản)	응으이 녀엇 (바안)
일본어	Tiếng Nhật (Bản)	띠잉 녀엇 (바안)
미국	Hoa Kỳ / Nước Mỹ	화끼 / 느윽 미이
미국인	Người Mỹ	응으이 미이
영국	Nước Anh / Anh Quốc	느윽 안 / 안 꿕
영국인	Người Anh (Quốc)	응으이 안 (꿕)
영어	Tiếng Anh	띠잉 안
독일	Nước Đức	느윽 득
독일인	Người Đức	응으이 득
독일어	Tiếng Đức	띠잉 득
프랑스	Nước Pháp	느윽 팝
프랑스인	Người Pháp	응으이 팝
프랑스어	Tiếng Pháp	띠잉 팝

⭕ 색깔

빨간색	**Màu đỏ**	마우 도오
흰색	**Màu trắng**	마우 짱
노란색	**Màu vàng**	마우 바앙
파란색	**Màu xanh biển**	마운 싼 비인
검은색	**Màu đen**	마우 댄
초록색	**Màu xanh lục**	마운 싼 을룩
분홍색	**Màu hồng**	마우 홈
자주색	**Màu đỏ tía**	마우 도오 띠아
갈색	**Màu nâu**	마우 너우
회색	**Màu xám**	마우 싸암

1 목적지 공항도착!

목적지 공항에 도착하면 짐을
잘 챙겨서 내립니다. 입국심사
서는 미리 준비하세요!

2 도착 출구통과!

'Arrival' 이라고 써있는
출구를 찾아 통과합니다.

✚ 잠깐만요!

여권! 입국심사서! 항공권! 수하물표!를
잘 챙겨서 나가십시오!